TRIUNFE
en sus
NEGOCIOS

TRIUNFE

en sus

NEGOCIOS

C. VÉJAR

Número de Control de la Biblioteca del Congreso de EE. UU.:   2018900449
ISBN: Tapa Dura   978-1-5065-2362-0
               Tapa Blanda   978-1-5065-2364-4
               Libro Electrónico   978-1-5065-2363-7

Información de la imprenta disponible en la última página.

Fecha de revisión: 17/01/2018

Para realizar pedidos de este libro, contacte con:
Palibrio
1663 Liberty Drive
Suite 200
Bloomington, IN 47403
Gratis desde EE. UU. al 877.407.5847
Gratis desde México al 01.800.288.2243
Gratis desde España al 900.866.949
Desde otro país al +1.812.671.9757
Fax: 01.812.355.1576
ventas@palibrio.com
773122

ÍNDICE

INTRODUCCIÓN

CÓMO LLEGAR AL ÉXITO

Pregúntele a toda persona que haya tenido éxito en los negocios cómo fue que lo logró y obtendrá infinidad de respuestas, no hace falta si quiera que salga a preguntar, salte directamente a los apéndices biográficos y bibliográficos de esta obra y dese cuenta usted mismo que NADIE tiene la fórmula inequívoca para alcanzar el éxito en los negocios, la respuesta nunca es la misma, la receta cambia, los ingredientes son de lo más variado, sólo podemos llegar a concluir generalidades.

La respuesta más honesta que había escuchado me la dio mi padre, un hombre que hizo ricos a muchos, y logró idear negocios maravillosos: "no lo sé, sinceramente no lo sé" me respondió.

Esa pregunta lo llevó a buscar en su propia experiencia cuál sería la mejor respuesta pero por más que se esforzaba en ser sincero en dar una respuesta valedera respecto a cómo lograr tal éxito, no podía precisarlo: ¿inteligencia?, ¿talento?, ¿estrategia?, ¿respaldo institucional?, ¿fe?, ¿buena suerte?, ¿trabajo?, sólo vaguedades. Ninguna respuesta concreta.

Después de años de lectura especializada en la materia, y de aplicarla en sus negocios, resumió sus mejores consejos, escribió cuentos y recopiló frases sobre una diversidad de temas que en su opinión resumía los factores que con mayor frecuencia inciden en cualquier negocio. Pero seguía faltando la respuesta precisa a la pregunta.

Después de quince años desde su muerte, me siento obligado a compartir nuevamente sus trabajos y conclusiones sobre la respuesta a cómo alcanzar el éxito en los negocios, pues el éxito no está en el negocio en sí mismo sino en el hombre, por tanto para alcanzar el éxito en los negocios no busque "la franquicia exitosa", el éxito no se hereda ni se compra, logre el éxito en sus negocios *"convirtiéndose en un exitoso hombre de negocios, reflexione, y actúe, reconozca que cada negocio requiere su propia fórmula y diferentes ingredientes para alcanzar el éxito, cualquiera puede lograrlo, pero sólo el hombre de negocios puede repetir ese éxito una y otra vez"*.

El hombre de éxito en los negocios se forma con la experiencia, haciendo uso del aprendizaje obtenido en cada negocio, así como de la experiencia de sus pares. Una reflexión profunda sobre estas experiencias propias y ajenas es lo que desarrolla y afina los sentidos del hombre de negocios.

El objetivo de esta obra es contribuir a que usted se convierta en un alquimista de los negocios, abra su mente y permita que la reflexión sobre cada una de las historias y frases aquí recogidas le genere las sinapsis necesarias en su cerebro para convertirlo en un exitoso hombre de negocios, la experiencia resultante de leer este libro le hará saber y sentir la confianza necesaria para lograrlo, sólo recuerde mantener SIEMPRE una actitud positiva, reflexione con honestidad y actúe, sumérjase en la dignificante, saludable y divertida actividad humana de hacer negocios.

1. TIRE EL STRESS A LA BASURA

El mejor diagnóstico del ejecutivo, burócrata o trabajador insatisfecho, es el "stress". Esto lo afirmo por experiencia propia. Algunos de los síntomas visibles del ejecutivo insatisfecho son: Las clásicas "tres cajetillas" de cigarros. Continuas gripes nerviosas. Dolores de cabeza. Irritabilidad y agresividad. Inquietud y aceleración física y mental. "El sube y baja" de la presión arterial. Exceso, siempre creciente, de cargas de trabajo. Ausencia de suficientes segundas manos de primera. Raquítica retribución salarial.

Algunos de los síntomas ocultos del ejecutivo insatisfecho son: La frustración de servir y estar subordinado más del tiempo debido a superiores intelectualmente inferiores. La necesidad de aparentar ante la clientela y los recursos humanos de la empresa una elevada posición económica de la que en la realidad se carece. La crisis del desequilibrio familiar por la falta de tiempo para convivir con padres, esposa e hijos.

La escala de reconocidas retribuciones del stress, son, por orden: Primero: la enfermedad. Segundo: la incapacidad, y; Tercero: la muerte.

Conozco tres acciones para terminar con el síndrome del ejecutivo insatisfecho y éstas son:

PRIMERO: *Exigir y lograr condiciones de trabajo más favorables y una satisfactoria y holgada retribución económica que permita ser rico, 10 años antes de la jubilación.*

SEGUNDO   *Si no se logra lo que se desea, no hay necesidad de preocuparse. Se debe renunciar. Tirar el stress a la basura y buscar otro trabajo que permita la auto realización, gozando lo que se conoce y se sabe hacer.*

TERCERO: *Si no se encuentra otro empleo, o no se quiere seguir siendo "subordinado y asalariado"; entonces diviértase: dedíquese a hacer negocios.*

2. APRENDER A HACER NEGOCIOS

No tenga miedo de ser usted mismo su propio jefe. Finalmente, y después de mucho andar y experimentar, se llega a la conclusión de que no existe "peor o mejor jefe que uno mismo". Miles de personas como usted, pueden dedicarse a hacer negocios, buenos negocios, y ganar mucho dinero. Desde que tomé la decisión de ser mi propio jefe "aprendí a hacer dinero haciendo negocios propios".

La mayoría de los seres humanos tienen capacidad natural para hacer negocios propios, prueba palpable de ello es que continuamente contribuyen a que otros hagan negocios, pues se dedican a trabajar para terceros, realizando lo que saben hacer a cambio de una retribución específica; sin embargo, sólo unas cuantas personas pueden pasar de "la potencia al acto"; es decir, sólo unos cuantos pueden ser ricos porque ejercitaron la capacidad que tienen de trabajar para sí mismos y de disfrutar de la riqueza que generan con su talento y trabajo.

La anterior es una de las muchas claves que se encuentran en este Libro, y que definitivamente auxiliarán al lector a obtener el éxito en los negocios que decida emprender.

3. EL CAMINO DE LOS INEXPERTOS

Es lógico que quien pretende entrar en el mundo de los negocios recurra entre otras muchas opciones a la utilización de cualquiera de las siguientes alternativas:

1° Después de platicar, preguntar e investigar sobre los negocios, dedicarse a realizar alguno de ellos.

2° Obtener un grado académico de grado o posgrado en la Universidad sobre Administración y Negocios, e iniciar lo que considera debe ser su propio negocio.

3° Dedicarse a leer y estudiar algunos libros de superación personal y de técnicas sobre ventas y negocios, y tomar la decisión de realizar alguno.

4° Cursar uno o varios seminarios sobre ventas, y como resultado dedicarse a implementar el negocio que considere que sea el más adecuado a su capacidad y vocación empresarial.

5° Después de prestar sus servicios en una empresa como asalariado o comisionista y aprender una técnica, profesión u oficio, establecer su propio negocio, con fundamento en la valiosa experiencia adquirida.

Estos caminos tradicionales del hombre inexperto, en la mayoría de las ocasiones lo conducen a fracasos, frustraciones, burlas y pérdidas de dinero, por haber realizado un mal negocio. En verdad, dichos caminos no lo son; en cambio constituyen importantes bases en dónde capacitarse y en su oportunidad iniciar una apasionante y enriquecedora trayectoria de experiencias, con lo cual debe contar todo hombre de negocios.

La experiencia de un mal negocio para los principiantes y aún para los expertos es muy cruel, pero muy valiosa.

Una experiencia negativa es muy cruel, porque sólo deja un sentimiento de incapacidad, impotencia, frustración y demasiados y sombríos pensamientos: "No sirvo para los negocios". "Los negocios los hacen los afortunados". "Soy un ..."; etcétera. Sin embargo, la experiencia negativa es muy valiosa, si se analiza y capitaliza adecuadamente. Basta recordar la máxima que establece: **"Sobre las cenizas de los fracasos se debe construir una escalera de triunfos".**

4. EL PORQUÉ DE LOS FRACASOS

Una respuesta integral al porqué de los primeros, segundos y sucesivos fracasos de los aprendices de negocios, no se encontrarán jamás en los siguientes:

En la abundancia o falta de recursos financieros, materiales y humanos utilizados.

En una adecuada o inadecuada planeación, organización, integración, dirección, ejecución y control del negocio.

En la buena o mala fortuna.

En la falta de experiencia.

En una supuesta capacidad o incapacidad natural para ser hombre de negocios.

En una terrible competencia o sobre saturación del tipo de negocio seleccionado.

Normalmente, la única respuesta confiable al porqué de los primeros, segundos y sucesivos fracasos del hombre que se inicia en los negocios, es:

LA CARENCIA DE UNA CULTURA MERCANTIL
PARA HACER NEGOCIOS

5. CANCIÓN DE CUNA

Para demostrar objetivamente la afirmación de que todo hombre de éxito en los negocios posee una cultura mercantil que lo capacita para triunfar, recurriré a transcribir la letra de una tradicional y formativa canción de cuna.

Una antigua leyenda nos explica porqué una rama del pueblo ario desapareció de una determinada región de la tierra (para ocuparla toda) antes de que ocurriera el famoso Diluvio Universal. En efecto, este pueblo, debido a su especializada formación cultural mercantil, sólo llegó a tener hijos negociantes, y como consecuencia de ello, una fabulosa y rica rama indoeuropea de la nación aria perdió la capacidad de contar con hijos aptos para el gobierno, la milicia, la industria, la agricultura y el arte, y se extinguió en un violento éxodo de su población en todas las direcciones del globo terrestre.

Dicha canción de cuna que cantaban las mujeres arias al mecer y arrullar a sus hijos, hasta que se quedaban dormidos, hizo posible un pueblo de grandes negociantes y su letra al ser cantada actualmente a algunos de los niños de las principales zonas comerciales de las ciudades de todo el mundo, sigue formando hombres de negocios. Dicha letra simplemente dice lo siguiente:

"Compra barato, vende caro: haz dinero"
"Compra barato, vende caro: haz dinero"
   "Compra barato, vende caro: haz dinero"

Este elemental concepto sobre una de las innumerables formas de hacer negocios (el actuar como intermediario) es uno de los cientos de conocimientos típicos de la sólida cultura mercantil con que debe de contar todo hombre que en cualquier parte del mundo pretenda dedicarse a hacer negocios.

6. A B C DE LOS NEGOCIOS

Después de haber conocido la dulce Canción de Cuna Aria, espero que haya quedado absolutamente claro que: "el hombre de negocios se hace, no nace"; pues, como nos lo demuestra el ejemplo de dicha canción: *"Ningún ser humano nace sabiendo, sino aprendiendo"*.

Ahora será muy fácil para el lector comprender que el objetivo central de este libro es concientizarlo de que el más importante "don" que todo hombre debe poseer para hacer negocios, y el cual sólo puede adquirirlo por sí mismo, es una cultura mercantil que sea formativa de su propia y única personalidad de hombre de negocios.

Estoy seguro de que los cientos de pensamientos que en forma de frases célebres, axiomas, reglas de oro, proverbios y refranes que en este libro aparecen, constituyen un invaluable semillero de ideas que habrán de arraigar en lo más profundo de la conciencia de los lectores, y florecer para cada uno de ellos en su propio beneficio.

En este libro se encontrará un amplio compendio de ideas concebidas por algunos de los más grandes pensadores, conocidos y anónimos, de todos los tiempos, latitudes y culturas en torno a los negocios o susceptibles de aplicarse a éstos, utilizando la técnica de la "paremiología" para transmitir "CONOCIMIENTO BASADO EN LA EXPERIENCIA" extrayendo en cada proverbio información acumulada de miles de años de historia de los negocios.

Los pensamientos de los personajes captados en este libro, y que pertenecen al patrimonio entero de la humanidad: *"Son como las abejas que a través de los siglos llevan el polen de una inteligencia a otra".*

7. SEMILLERO DE CULTURA MERCANTIL

Son 664 los axiomas, proverbios, frases célebres y pensamientos compilados en esta obra. Todos ellos tienen como objetivo aportar al lector una serie de pensamientos para que a través de la asimilación de las distintas "semillas de conocimiento intelectual" en ellos contenidos, y cargadas éstas con un alto potencial de florecimiento aporten al lector una sólida cultura mercantil, con la cual se le facilite su tarea de triunfar en los negocios.

A continuación, se transcriben una serie de definiciones que considero conveniente que el lector tenga presentes, para distinguir los alcances de los pensamientos compilados y pueda así aquilatar mejor la valía intrínseca de cada uno de ellos.

APOTEGMA: sentencia breve y graciosa en la que subyace un contenido moral aleccionador.

AXIOMA: verdad evidente por sí misma que no necesita demostración. También es una proposición generalmente recibida y reconocida con relativa autoridad.

DICHO: frase o sentencia corta de relativa aceptación y credibilidad.

FRASE: conjunto de palabras que forman un pensamiento generalmente breve y expresivo. Es frase célebre cuando ha sido consagrada por el uso que le da su aceptación popular o reconocimiento por la persona a la que se le adjudica.

MÁXIMA: proposición generalmente enunciada como un mandato imperativo; también es una norma o regla a la que se atiene una persona en su conducta.

PROVERBIO: máxima expresada con pocas palabras que representa la voz de la experiencia cultural de un pueblo.

REFRÁN: proverbio aceptado por todos los estratos populares en determinadas sociedades.

SENTENCIA: determinación corta, sucinta y moral en torno a determinado asunto y aceptado con relativa validez universal.

Este libro está agrupado por temas relacionados con los negocios. En cada tema se compila una serie de pensamientos en torno al mismo, y servirán al lector para conocer, meditar, reflexionar y, en síntesis, para *"ver más, para saber más"* sobre negocios.

Al final de cada tema de negocios, se ha dejado un espacio específico para que también el lector incorpore sus propios pensamientos y fortalezca y reafirme así sus conocimientos sobre el tema.

8. LIBROS SOBRE NEGOCIOS

En su mayoría, los libros sobre negocios que se encuentran en las estanterías de las tiendas de autoservicio y librerías de todo el mundo, sólo presentan historias, anécdotas y comentarios, respecto a quienes han hecho negocios relevantes y cómo lograron su éxito. Asimismo, exponen una serie de recomendaciones que casi llegan a parecer un gigantesco recetario de fórmulas para lograr el éxito a través de ejercicios de superación personal, basados fundamentalmente en la generación de pensamientos positivos; en la formación de autoconfianza y seguridad en el actuar y en el decir. Destacan la importancia de la perseverancia en el trabajo y tratan de las principales técnicas para alcanzar resultados; y, fundamentalmente, resaltan la importancia de que gracias a la fe consciente, el hombre es capaz de hacer realidad lo que concibe en su mente.

La mayor parte de los libros que se citan en el apéndice bibliográfico de esta obra, puedo afirmar sin temor a equivocarme, están inspirados o han sido basados en varios de los conceptos fundamentales contenidos en las frases, refranes, dichos, proverbios y demás pensamientos compilados, y los cuales, seguro estoy, seguirán siendo semillero intelectual en la concepción y formación de otras muchas obras que tratarán del éxito en los negocios y la superación personal, las cuales seguirán constituyendo un buen pilar de la industria editorial moderna, dada la gran demanda que el público tiene sobre este tipo de temas.

Los libros cuyo título, autor y temática básica se mencionan en la bibliografía de esta obra, son más que fuente de investigación, un ejercicio didáctico, no se trata de otra cosa más que de una lista indicativa del tipo de libros que están al alcance del público y que aun y cuando se repitan unos a otros en parte de su contenido, siguen siendo un ejemplo del tipo de libros que se venden bajo nuevas y aparentemente novedosas presentaciones, los que sin duda ayudarán al lector a adquirir una cultura mercantil que le permita configurar una recia personalidad para actuar en el mundo de los negocios.

La relación, síntesis y su agrupación por temas de algunos libros sobre éxito y los negocios (al alcance del bolsillo de quien quiera adquirir una sólida cultura mercantil), se encuentra como apéndice bibliográfico de esta obra. Algunos libros son clásicos en la materia, otros son best Sellers de reciente publicación, por lo que esta lista tendrá que ser renovada por nuevos autores y nuevos títulos.

De cualquier forma, le sugiero hacer su propia bibliografía a partir de la lectura más inmediata y accesible que tenga a la mano sobre estos temas y crearse así su propio criterio y estilo de hacer negocios. Mientras más pronto mejor, no se espere a terminar de leer todo lo que quisiera, en todo caso le aconsejo que no deje nunca de leer nuevas o viejas obras, pues para hacer negocios siempre es importante hacerse de fuentes de inspiración y sobre todo de la experiencia de otros.

9. NEGOCIOS Y NEGOCIANTES

Todos tenemos una idea o al menos una referencia imprecisa acerca de lo que es un negocio; pero, por más que nos esforcemos no es posible llegar a encontrar con una definición universalmente aceptada de este concepto. Una definición de diccionario sólo genera más confusión y por lo pronto ilustra que su significado es subjetivo. Hay negocios buenos y negocios malos y ambos pueden ser provechos o igualmente ruinosos. Negocio no es sinónimo de lucro ni necesariamente implica "Obtener de un asunto todo el provecho posible", ni tampoco es sinónimo de empresa o corporación (acepción muy utilizada en el idioma inglés), etc.

En el apartado de esta obra dedicado a reproducir citas sobre lo que es el negocio, se ilustra esta problemática, ya que en ella encuentran varios pensamientos muy disímbolos, a veces contradictorios y sin embargo muy útiles, los cuales nos permitirán enriquecer nuestro acervo cultural para tener una aproximación más objetiva sobre lo que realmente son los negocios.

No obstante, lo anterior, para efectos de esta introducción, basta decir que: **negocio es todo tipo de actividad lícita, no asalariada, que nos permita adquirir de otros, en propiedad, todo tipo de bienes**.

Identificando y clasificando a las personas que a diario vemos y suponemos que saben hacer buenos negocios, es fácil descubrir a los prototipos de negociantes más conocidos: industriales, banqueros, financieros, empresarios, comerciantes, etcétera. Sin embargo, la lista de quienes merecen el título de negociantes, es inmensamente más amplia y sutil.

Existen tantos tipos de negociantes como negocios. Tomemos como ejemplos los siguientes casos típicos de negociantes que alguna vez hemos visto: *El príncipe consorte,* quien da su estado civil a cambio de riquezas. *El mendigo millonario,* que hace una industria de explotar la solidaridad humana. *El cazador de herencias,* cuya única tarea está encaminada a obtener un caudal hereditario.

Existen millares de formas de hacer negocios, basta mirar alrededor para ver qué actividades realizan quienes hacen negocios: el restaurantero, el tintorero, el farmacéutico, el estilista, el doctor, el fabricante, el rentista, el comisionista, el cambista, el artista, el asesor, y así podrían mencionarse miles de ejemplos más; pero, lo verdaderamente importante, no es llegar a tener un oficio como negocio; sino hacer del oficio propio, realmente un negocio.

Recordemos: "**No hay malos negocios, sólo buenos o malos negociantes**".

10. IMPORTANCIA DE LA LETRA "I" EN LOS NEGOCIOS

En todos los pensamientos, ideas, conceptos y frases célebres, incluidas en la mayoría de los libros sobre negocios y en especial en éste, podemos encontrar que en su trasfondo existe una serie de claves conceptuales para ser y triunfar o ser y fracasar en los negocios. Todas estas claves tienen como primera letra la décima del abecedario castellano y la tercera de sus vocales.

Al lector le compete escrudiñar los alcances y utilidad de los siguientes conceptos positivos y negativos, mismos que debe de aprender a utilizar, aprovechar, evitar y capitalizar en los negocios, si quiere alcanzar el éxito.

CONCEPTOS POSITIVOS		CONCEPTOS NEGATIVOS	
• Identificación	• Innovación	• Idiotez	• Ineficacia
• Idoneidad	• Insistencia	• Ignorancia	• Inflexibilidad
• Ilustración	• Integración	• Ilusloriedad	• Ineptitud
• Imaginación	• Integridad	• Impreparación	• Inexactitud
• Imitación	• Inteligencia	• Imposibilidad	• Inexperiencia
• Impacto	• Intención	• Imprudencia	• Informalidad
• Impecabilidad	• Intensidad	• Impuntualidad	• Inhabilidad
• impenetrabilidad	• Intento	• Inactividad	• Inmoralidad
• Imperativo	• Interacción	• Inadaptabilidad	• Inocencia
• Impetuosidad	• intercambio	• Inadecuación	• Inoperancia
• Implementación	• Interés	• Incapacidad	• Intolerancia
• Importancia	• Intimidación	• Inconfiable	• Intratabilidad
• Imposición	• Intrepidez	• Inconsciencia	• Intriga
• Improvisación	• Intuición	• Inconstancia	• Inseguridad
• Indagación	• Inventiva	• Incontrolable	• Insensibilidad
• Industria	• Inversión	• Incorreción	• Insolencia
• Información	• Investigación	• Incultura	• Insolvencia
• Ingenio	• Irrebatible	• Incumplimiento	• Irascibilidad
• Iniciativa	• Irreductibilidad	• Incredebilidad	• Irresponsabilidad
• Inmediatez	• Irreprochable	• Indolencia	• Irritabilidad

Quien no recurra a utilizar y poner en práctica la mayor parte de los conceptos positivos enunciados y a capitalizar los negativos que inician con la letra "I", jamás hará negocios.

El hecho de clasificar los conceptos en positivos o negativos, no significa que unos sean buenos y otros malos; ya que, en el mundo de los negocios, las normas morales no son definitorias del éxito o fracaso en los negocios. Se puede ser "bueno" y triunfador o perdedor en los negocios; o "malo" y también ser triunfador o perdedor. Si los "buenos", por el simple hecho de caernos bien triunfaran siempre, no habría "malos" dueños de fortunas. La realidad no es así. Nadie es necesariamente bueno o malo, óptimo o pésimo, ingenuo o astuto, crédulo o escéptico, etcétera. Todo es relativo: "**según el color del cristal con que se mira**".

Si pudiéramos ver reflejados en un espejo mental los conceptos negativos, veríamos que éstos pueden tornarse positivos. Aprovechemos esta facultad mágica de nuestra mente; trasmutemos defectos en virtudes, la informalidad en formalidad, la incapacidad en capacidad, la inseguridad en seguridad, etcétera, en muchos casos tan sencillo como quitar el prefijo "in" a las palabras, así cada que se enfrente a una situación negativa haga este sencillo ejercicio y traduzca esa experiencia o pensamiento en algo positivo, le aseguro que los resultados serán igualmente positivos.

A veces, el actuar únicamente conforme a los conceptos positivos puede resultar nefasto; en cambio, el recurrir o capitalizar en ocasiones los aspectos negativos, propios o de terceros, puede ser la llave que nos abra las puertas del éxito. Por tanto, en toda negociación será ideal conocer, antes o durante el trato, los aspectos positivos y negativos propios y los de la contraparte, a fin de concebir e implementar la estrategia de negociación a seguir para alcanzar el éxito.

11. EL "KNOW HOW" DEL NEGOCIO

Cuando intenté por primera vez esbozar el contenido y temario de la presente obra, quise auxiliarme buscando información "trascendente" entre los innumerables libros comerciales que existen en torno a los negocios, y mi sorpresa fue que confirmé mi hipótesis de que no hay, ni podrán existir libros que nos enseñen a hacer negocios.

En verdad, muy pocos hombres de negocios han escrito sobre cómo alcanzaron el éxito; por lo general sólo conocemos qué lograron y no cómo lo lograron.

A fuerza de ser honesto, cabe decir que en ninguno de los citados libros sobre negocios, el lector encontrará el famoso y misterioso *"KNOW HOW"* para hacer negocio, porque éste reside en uno mismo. El lector podrá descubrirlo a medida que avance en la lectura del presente trabajo.

"El saber cómo" en los negocios sólo compete a cada ser humano para encontrarlo a través de su cotidiana actividad y desempeño en la sociedad.

"El saber cómo hacer más y mejor en el actuar", aplicado a los negocios, siempre deberá estar basado en un saber más profundo, cimentado en sólidos conocimientos sobre el inteligente arte de hacer negocios.

Dichos conocimientos sobre los negocios son producto de la cultura mercantil, rica o pobre, práctica o sofisticada y del talento que posee el hombre que, más que saber, hace negocios.

12. SECRETOS Y SORPRESAS DE LOS NEGOCIOS

Después de leer los numerosos, valiosísimos y formativos pensamientos para los actuales o futuros hombres de negocios, compilados en este libro, estoy seguro de que el lector llegará a estar plenamente convencido, como lo estoy yo, de que algunos de los múltiples "secretos de los negocios" son muy sorpresivos y fáciles de comprender. Con sus contadas excepciones:

PRIMERA SORPRESA

Para hacer negocios, no hay secretos, sólo sentido común.

SEGUNDA SORPRESA

Para hacer negocios, sólo hay que dedicarse a lo que uno sabe hacer y evitar aventurarse por senderos desconocidos.

TERCERA SORPRESA

El trabajo asalariado a nadie hace rico.

Salvo rarísimas excepciones, infinidad de hombres maduros, algunos ya disfrutando de una raquítica pensión por jubilación, después de haber prestado durante muchos años sus servicios laborales subordinados a empresas mercantiles en que llegaron a ser "los mejores", "los más brillantes", "los más grandes" en su especialidad de servicios profesionales, aprendieron por experiencia propia que trabajando para otros no es posible hacerse rico. Los únicos beneficios que seguramente lograron en su trabajo personal subordinado, fueron diplomas y "charolas". Premios de eficiencia y reconocimientos. Envidias y calumnias, espejitos y cuentas de vidrio. Dinero no.

Si la recompensa a la manera romana del éxito es: "La satisfacción del deber cumplido", definitivamente tales eminencias laborales lograron el éxito en exceso. Siempre cumplieron y excedieron "por tres o más caballos de largo" toda meta empresarial.

En efecto, obtuvieron el éxito; pero, sin su hermano gemelo: el dinero, la plusvalía de su talento y trabajo. (Con ésta se quedaron las empresas. Los negocios de otros).

CUARTA SORPRESA

Para hacer dinero en el mundo de los negocios, no tenga socios, sólo intereses.

Se puede tener asociados para el logro de un determinado objetivo mercantil común; el cual, al realizarse debe extinguir la relación asociativa.

QUINTA SORPRESA

Para hacer negocios es indispensable contar con cultura mercantil.

Al efecto, todo hombre de negocios, aunque se dude, alimenta y acondiciona su mente para triunfar en gran medida, conociendo, acatando, asimilando conceptos y experiencias que hombres de todos los tiempos y latitudes nos legaron acerca de los negocios.

EN SÍNTESIS

Todos sabemos algo. Luego, si tenemos sentido común, todos podemos hacer negocios con lo que sabemos; si queremos y actuamos libre e inteligentemente y con base en una sólida cultura mercantil.

13. RELATOS, CUENTOS Y NARRACIONES SOBRE NEGOCIOS

Con objeto de no hacer de esta obra simplemente un valioso compendio de pensamientos aplicables o relacionados a los negocios, susceptible de asemejarse a un vasto repertorio de "citas citables" sobre negocios, decidí, aparte de ordenarlos y sistematizarlos por temas comunes, lo cual entre otros beneficios facilita su asimilación, iniciar cada apartado con un cuento, narración, relato o ejercicios sobre negocios, el cual me fue motivado al término de la lectura de la serie de pensamientos compilados sobre un mismo tema o aspecto de negocios, trayendo a escena experiencias propias o ajenas que viví a lo largo de mi experiencia en tales materias.

Como ejemplo de lo anterior, mencionaré que después de reflexionar sobre los pensamientos compilados y agrupados bajo el tema "La acción en los negocios", procedí a desarrollar el relato: "El comerciante con alas", cuya función primordial es destacar la importancia de la acción en los negocios; y así sucesivamente.

Con la lectura de este libro, no solamente espero que el lector adquiera una sólida cultura mercantil; sino que, además, se divierta, se inquiete y decida participar en la concepción o búsqueda de nuevas experiencias o relatos sobre temas de negocios que, una vez conocidos y asimilados, fortalezcan sus conocimientos para actuar más y mejor en el mundo de los negocios.

Estoy seguro que en la reflexión sobre las distintas materias que integran el presente "Mosaico de Frases Célebres y Relatos sobre Negocios", que como alimento intelectual el lector habrá de asimilar e integrar como parte de su propio ser, después de desechar lo que sea contrario a su esencia moral, le servirá para quedar excelentemente equipado para actuar con su propia y trascendente personalidad en el mundo de los negocios.

14. COROLARIO

Con base en lo expuesto en los apartados precedentes, para terminar con esta larga introducción y entrar al corazón de la obra, recurriré a una frase de Miguel de Cervantes que sin duda anticipará la formación y diversión creativa que espera al lector con la lectura de esta obra:

"El ver mucho y el leer mucho aviva los ingenios de los hombres"

En efecto, puedo agregar que muchos negocios surgirán en su mente a medida que avance y reflexione sobre lo que aquí se escribe, por lo que le sugiero que usted mismo complemente este libro son sus ideas, ya que alguna de ellas puede hacerle millonario.

I. ACCIÓN

Acción. *Ejercicio de la posibilidad de hacer. Resultado de hacer. Efecto que causa un agente sobre algo.*

COMERCIANTE CON ALAS

El primer ministro informó a algunos de los principales miembros de la corte real, del proyecto secreto del rey para construir, en corto plazo, un gigantesco aeropuerto que permitiría comunicar, por avión, la capital con la más importante y progresiva ciudad fronteriza del reino.

Ese día, un gordo, bonachón e ilustre miembro del gabinete real comentó en una reunión de amigos sobre tan necesario y magnífico proyecto real. Quienes lo escucharon quedaron gratamente sorprendidos y satisfechos y se vanagloriaban de tener un rey sabio y progresista.

Sólo uno de los asistentes a esta informativa reunión concibió la oportunidad de hacer negocios y actuó en consecuencia. Consiguió a crédito suficiente dinero y compró en la ciudad fronteriza del reino escogida (a muy bajo precio), el único terreno viable para construir un aeropuerto; y, así, casi de inmediato, revendió el predio con altísimas utilidades al Departamento Real de Aeronavegación.

El negociante con alas, después de pagar su deuda, voló con sus utilidades a otro reino para comprar novedosísimos aviones, mismos que revendió, multiplicando sus ganancias.

El comunicativo primer ministro perdió puesto y cabeza. El ingenuo y comunicativo miembro de la corte real continuó en su augusta silla haciendo ricos a otros con sus valiosas indiscreciones.

Esta historia nos enseña, entre otras cosas, que la oportunidad de los negocios se presenta en cualquier momento y en diferentes formas sobre un mismo asunto, siempre y cuando se pongan manos a la obra.

Otras enseñanzas sobre la acción en esta historia:

_____

_____

_____

_____

I. LA ACCIÓN EN LOS NEGOCIOS

El pensamiento es la semilla de la acción.
Emerson

Un viaje a mil millas comienza a un paso.
Proverbio chino

El principio es la parte más importante de la obra.
Platón

El principio es la mitad del todo.
Axioma griego

La actividad es el imán que atrae todas las cosas buenas.
Burton

La actividad es el único camino que lleva al conocimiento.
George Bernard Shaw

A Dios rogando y con el mazo dando.
Refrán sajón

El cielo nunca ayudará a aquellas personas que no actúan.
Sófocles

Debes considerar no haber hecho nada, si has dejado algo por hacer.
Lucano

Cuando más hacemos, más podemos hacer.
Hazlitt

No basta saber, se debe también aplicar; no es suficiente querer, se debe también hacer.
Goethe

Lo fácil está hecho, lo difícil se hace y lo imposible se intenta.
Proverbio jesuita

Las oportunidades se multiplican en la medida en que son tomadas por la fuerza.
Sun Tzu

Decir y hacer no comen en la misma mesa.
Proverbio latino

CITAS DE AUTORIDADES EN LOS NEGOCIOS

Tienes que amar lo que haces para que las cosas realmente sucedan.
Philip Green

Si voy a hacer algo lo hago de manera espectacular, o no lo hago del todo.
Prince Al-Walid bin Talal

La forma de comenzar a hacer algo es dejar de hablar y comenzar a hacerlo.
Walt Disney

He podido observar que la mayoría de las personas progresan cunado las otras pierden el tiempo.
Herny Ford

El éxito parece estar conectado con la acción. La gente exitosa se mantiene en movimiento. Cometen errores, pero no se rinden.
Conrad Hilton

En la vida y en los negocios, hay dos pecados capitales. El primero es actuar precipitadamente sin pensar y el segundo es no actuar del todo.
Carl Icahn

La acción destruirá tu procrastinar.
Og Mandino

No quiero quedarme atrás. De hecho, quiero estar ahí antes que comience la acción.
Kerry Packer

Inútil es la potencia creativa sin la acción constructiva, ambas son indispensables para fabricar negocios.
Carlos Véjar

El lector

II. ADMINISTRACIÓN

Administrar. *Gobernar, ejercer la autoridad o el mando sobre un territorio y sobre las personas que lo habitan.*

VENDEDOR DE AGUA DE RÍO

Hace muchos años, cuando la gente sencilla del pueblo "abrió los ojos" y se dio cuenta de que el viejo aguador tan sólo les vendía simple agua de río, dejaron de comprarle. De inmediato cientos de personas fueron diariamente a tomarla directa y gratuitamente de la propia corriente del río.

Contra lo esperado, el viejo aguador decidió no cerrar el negocio, que desde antaño practicaba, y cuyo "secreto" era ahora de todos conocido. Por el contrario, ideó la forma de dar un mejor servicio y ganar más. Compró una carreta, dos mulas, seis grandes cántaros, y contrató los servicios de dos auxiliares.

Así, administrándose correctamente, organizó la venta y entrega de agua directamente en los recipientes de cada familia del pueblo; desde aquellos lejanos días, a la fecha, los descendientes de aquel viejo aguador, con algunas adiciones y mejoras, siguen haciendo negocio con la venta de agua de río.

Hoy, en día, el agua de río tratada con procedimientos industriales de electro-purificación y de descontaminación, es adicionalmente sometida a un proceso de gasificación, coloración, endulzamiento y es dotada con distintos saborizantes artificiales, y una vez embotellada es distribuida en los principales centros de abasto y esta labor ha llegado a constituir un impresionante negocio industrial y comercial, a nivel mundial.

Esta historia nos ilustra, entre otras cosas, que no es necesario abandonar un negocio si se sabe ejercer una administración eficiente sobre los recursos y las necesidades de los usuarios de manera tal que el negocio evolucione en su desarrollo.

Otras enseñanzas sobre la administración en esta historia:

_____

_____

_____

_____

2. LA ADMINISTRACIÓN EN LOS NEGOCIOS

Sin administración no hay negocio.
Anónimo

Administrar es el arte de dirigir las actividades humanas para cumplir con las políticas de la empresa y hacer realidad sus objetivos.
J. Paul Getty

El único factor constante de la administración de empresas es el cambio.
Mayles L. Mace

Administrar es hacer a través de otros.
Axioma

Administrar el dinero de otros es el mejor negocio.
Anónimo

La planeación consiste en determinar lo que se debe hacer; cómo debe hacerse; qué acción debe tomarse; quién es el responsable de ella y por qué.
American Management Association

La planeación es simplemente una forma racional de aproximarse al futuro.
Knoots

Sin planes, la acción se transforma en una actividad aleatoria que no produce otra cosa que el caos.
Goetz Be

A mayor planeación, menor ejecución; a menor planeación mayor ejecución.
Regla de Oro

La mala administración es como una telenovela: todos los espectadores se dan cuenta de lo mala que es, pero no los que trabajan en ella.
Anónimo

Regla 80/20. El 80% de los negocios se realiza con el 20% de los clientes.
Ley de Pareto

CITAS DE AUTORIDADES EN LOS NEGOCIOS

Siempre que hay un trabajo difícil de realizar se lo asigno a un hombre flojo, quien seguramente encontrará una manera fácil de hacerlo.
Walter Chrysler

El cliente quejoso representa una enorme oportunidad para hacer más negocios.
Zig Ziglar

La gente me pregunta, cómo difiere la administración bajo la Nueva Economía, respecto de la administración en la Vieja Economía. De hecho, es básicamente lo mismo. Se trata de disciplina financiera en lo más básico, entender a tus clientes, segmentar a tus clientes según sus necesidades, y construir un equipo de administración de clase-mundial.
Meg Withman

Practica la regla de oro número uno de la administración en todo lo que hagas. Administra a otros del mismo modo en que te gustaría ser administrado.
Brian Tracy

La Buena administración consiste en demostrar a la gente promedio como hacer el trabajo de la gente de mejor nivel.
John D Rockefeller

Un barco no puede tener dos capitanes.
Akira Mori

Administrar no es otra cosa que motivar a los demás.
Lee Iacocca

Existen administradores tan preocupados con sus correos electrónicos que nunca miran por encima de sus monitores para ver que está pasando en el mundo que no es digital.
Mihaly Csikszentmihalyi

La base del éxito en la administración de negocios, es tener siempre: segundos de primera; no deprimentes.
Carlos Véjar

El lector

III. AHORRO

Ahorrar. *Reservar alguna parte del gasto ordinario. Guardar dinero como previsión para necesidades futuras. Evitar un gasto o consumo mayor.*

EL HILANDERO

En una antiquísima ciudad asentada en tierras semidesérticas del norte de África, los principales industriales y comerciantes se encontraban inmersos en una feroz y despiadada competencia por captar el mercado local de la lana.

Musalí, el hilandero, decidió triunfar sobre todos ellos, y no quedar marginado o definitivamente fuera del negocio, que por generaciones los padres de los padres de sus padres habían realizado: producir y comerciar con la lana.

Así, adquirió la exclusividad de novedosos diseños y técnicas para producir suéteres, mismos que decidió exportar a países de climas fríos, esperando que la vieja y ortodoxa máxima comercial de "llevar productos del lugar donde abundan a donde se necesitan", siguiera funcionando y produciendo altos beneficios económicos.

La firme intención de Musalí era enviar para su venta los suéteres que produciría a los lejanos países escandinavos;

pues, dados los rigores del clima frío de esas regiones tenían gran demanda. ¿Gran demanda? ¡Cuidado! (Se dijo asimismo el hilandero). Puede existir en ese mercado oferta de abrigos, suéteres y cobertores de piel y lana, tanto de productores regionales como internacionales, seguramente de alta calidad y bajo precio, y así podré quedar en una situación comercial peor de la que me encuentro en mi país.

Definitivamente, una vez confirmada la hipótesis de que "no podría vender milagros a los santos", optó por vender sus productos en un nuevo mercado: el de los países de clima templado, en los cuales, atinadamente pensó, no hay "ni mucho calor, ni mucho frío". Supuso que allá podría vender fácilmente suéteres de lana, sólo con darles un mayor colorido a los diseños, y para que no resultaran muy pesados y calurosos, sino frescos y ligeros, decidió ahorrar la mitad de la lana prevista originalmente para cada suéter.

Su negocio resultó fabuloso. Los suéteres se los pagaron casi al doble de lo que tenía programado. Con la lana que ahorró en la elaboración de cada suéter duplicó las ganancias que inicialmente tenía previstas, y en poco tiempo acabó con sus principales competidores regionales. Monopolizó el mercado de exportación de lana en su árido y soleado país, y vendió su mercancía en naciones de clima medio.

Musalí, el hilandero, no deja de dar gracias al dios de sus padres que lo iluminó en tan sabia decisión: Vender un suéter por el precio de dos.

Esta historia nos ilustra, entre otras cosas, que en todas las áreas de un negocio se pueden encontrar oportunidades de ahorro, es decir oportunidades para generar riqueza.

Otras enseñanzas sobre el ahorro en esta historia:

_____

_____

_____

_____

3. EL AHORRO EN LOS NEGOCIOS

Si sabes gastar menos de lo que ganas, conoces entonces la piedra filosofal.
Franklin

El más rico de los hombres es el ahorrativo, el más pobre, el avaro.
Chamfort

Gastad al día dos céntimos menos de la ganancia neta que tengáis.
Franklin

La economía es la siembra, y el ahorro la cosecha.
Orison Sweet Marden

La economía consiste en saber gastar, y el ahorro en saber guardar.
Orison Sweet Marden

Todas las cosas buenas son baratas; todas las malas son caras.
H. B. Thoreau

Lo barato sale caro.
Refrán

El no ser codicioso es ser rico, y el no tener la manía de comprar es una renta.
Cicerón

Mientras puedas ahorra para la vejez y la necesidad, porque el sol de la mañana no dura todo el día.
Benjamín Franklin

Programar el tiempo es ahorrarlo.
Francis Bacon

Tenga lo que tenga, gaste menos.
Samuel Johnson

El motor que impulsa a una empresa no son las economías, sino las ganancias.
John Maynard Keynes

CITAS DE AUTORIDADES EN LOS NEGOCIOS

La gente rica siempre tiene un cierto nivel de deuda. Aparentemente les ayuda a reducir sus impuestos.
Felix Dennis

Cualquier cosa que podamos hacer para incrementar el ahorro personal es muy del interés de éste país.
Alan Greenspan

¿Cuántos millonarios conoces que se hayan hecho ricos al invertir en cuentas de ahorro? No tengo nada más que añadir.
Robert G. Allen

La riqueza sólo puede ser acumulada con las ganancias de la industria y los ahorros de la frugalidad.
John Tyler

Cuando terminé la escuela, tomé todos los ahorros de mi vida - $5,000 – y los invertí en un negocio. Era joven. No tenía experiencia. Pero era un emprendedor, y estaba orgulloso. Y a las seis semanas, estaba en quiebra.
Mark Warner

El lector

IV. AMBICIÓN

Ambición. *Deseo ardiente de conseguir poder, riquezas, dignidades o fama.*

EL MENDIGO REY

Hubo una vez un joven mendigo, que, al mendigar su limosna, pedía un reino. La gente al oír su insólita petición, se desconcertaba; pero, finalmente se reía y se apiadaba de este ilustre joven loco, y le daba unas cuantas monedas.

Con el tiempo, el mendigo, ya adulto, después de haber acumulado suficientes monedas se dedicó "a comprar sólo cuando la gente le quería vender y a vender sólo cuando la gente le quería comprar", y, asimismo, aprendió a prestar dinero con sólidas garantías de pago, pero sólo a la piadosa y módica tasa del dos por uno.

Gracias a la práctica exitosa de dichas virtudes, el mendigo comerciante pronto llegó a ser el principal financiero del reino.

Como su ambición original seguía siendo tan grande y firme, decidió contraer nupcias con la soltera, fea y única hija del rey. Recibió de inmediato y como dote, el cargo de primer ministro, más un importante título nobiliario.

Al morir el rey, el mendigo, comerciante, financiero, funcionario real y noble, sació su ambición de ser investido rey. ¿Quién con mejores atributos?

El mendigo-rey al integrar su gabinete real designó como primer ministro del reino a un "ilustre desconocido", un guardia real. Le preguntaron azorados los que se creían dignos de tal cargo y con mejores merecimientos: ¿por qué escogió a este primer ministro? La respuesta del rey no se hizo esperar: fue la única persona que se atrevió a pedirme tal cargo.

Esta historia nos ilustra, entre otras cosas, que la ambición permite ver la oportunidad de riqueza en los negocios.

Otras enseñanzas sobre la ambición en esta historia:

_____

_____

_____

_____

4. LA AMBICIÓN EN LOS NEGOCIOS

La ambición es el alma de los negocios.
Anónimo

La ambición como el niego, se nutre de todo.
Dicho

El que poco pide, nada merece.
Refrán

Se corre el riesgo de perder por querer ganar demasiado.
La Fontaine

Lo mucho se vuelve poco, con desear otro poco más.
Anónimo

El verdadero hombre de negocios jamás está satisfecho de sus logros.
P. Getty

No hay pobre que no sea rico si lo qué tiene le basta.
Barros

Si no fuera por la ambición, el mundo no cambiaría.
Talmud

Un caballo ambicioso nunca regresará a su viejo establo
Proverbio chino.

A grandes provechos, grandes riesgos.
Proverbio chino

CITAS DE AUTORIDADES EN LOS NEGOCIOS

Sobre la gran balanza de la fortuna, raramente se detiene el fiel; debes subir o bajar; Debes dominar y ganar o servir y perder, sufrir o triunfar; ser yunque o martillo.
John D.Rockefeller

No te auto limites. Muchas personas se auto limitan a lo que piensan que pueden hacer. Tu puedes ir tan lejos como tu mente te lo permita. Lo que tu creas, recuérdalo, lo puedes lograr.
Mary Kay Ash

No graznes como un pato… vuela alto como un águila.
Ken Blanchard

Para mí la vida es estar continuamente hambriento. El significado de la vida no es simplemente existir, para sobrevivir, sino para ir hacia adelante, para ir hacia arriba, para lograr, para conquistar.
Arnold Schwarzenegger

La ambición, el miedo y el interés, tienen pies.
Carlos Véjar

El lector

V. AUDACIA

Audacia. Osadía, atrevimiento.

BONOS DE GUERRA

Recordemos la famosa anécdota de como Nathan Rothschild en un solo y magistral golpe de audacia se quedó con las inversiones y las ganancias de sus colegas financieros ingleses, a quienes en el año de 1815, dejó en la bancarrota, gracias a una sola y genial operación de audacia.

Para financiar la guerra de Inglaterra contra el imperio de Napoleón Bonaparte, se dice que el gobierno inglés decidió colocar entre el público inversionista, a través del "Stock Exchange of Commerce", una serie de títulos valores, que podemos denominar para efectos prácticos: bonos de guerra. Si Inglaterra derrotaba a Napoleón, los bonos automáticamente incrementarían su valor. Si acontecía lo contrario, serían simple papel, basura.

Mientras todos los banqueros y financieros ingleses estaban inquietos por conocer el resultado de la batalla que se estaba librando en tierra europea, los Rothschild eran los únicos que tenían agentes de información en el mismo sitio de la batalla. Al cerciorarse del definitivo triunfo del duque de Wellington sobre Napoleón, los empleados de la casa Rothschild a toda velocidad embarcaron hacia Inglaterra, adelantándose por varias horas al mensajero de Wellington, y dieron la buena nueva a Nathan Rothschild; quien de inmediato se fue a la Bolsa de Valores Londinense, para dar a conocer de viva voz tan trascendental noticia. El júbilo estalló; pero, Rothschild sumamente serio y recargado en una columna, ofreció públicamente en venta, parte del lote de los bonos de guerra de su propiedad.

Si Rothschild vende en vez de comprar (se decían en voz baja los banqueros) es porque sabe que Waterloo se ha perdido. Como Rothschild no compraba sino que seguía vendiendo sus bonos de guerra, otros imitaron su ejemplo y hacían bajar a niveles de casi de miseria el precio de venta de los bonos, hasta que un segundo antes de que fuera irremediablemente tarde, Nathan compró todo el gigantesco paquete de bonos de guerra, casi por nada. Momentos más tarde, los enviados de Wellington confirmaban la noticia del triunfo del ejército inglés en Waterloo, lo cual hizo subir de inmediato los bonos de guerra a niveles estratosféricos.

Esta historia nos ilustra, entre otras cosas, que en algunos negocios sólo se alcanza el éxito cuando interviene la audacia en su sentido más esencial: osadía, atrevimiento.

Otras enseñanzas sobre la audacia en esta historia:

_____

_____

_____

_____

5. LA AUDACIA EN LOS NEGOCIOS

La audacia es en los negocios lo primero, lo segundo y lo tercero.
Thomas Fuller

El arrojo, en los negocios, es lo primero, lo segundo y lo tercero.
Henry George Bohn

Sólo los audaces llegan a la cumbre.
Publio Siró

La fortuna favorece a los audaces.
Virgilio

Ten audacia y fe en ti mismo ¡Ay de ti si tienes miedo!
Nietzsche

Nada es tan arriesgado como fracasar.
Dicho

Todo hombre es audaz cuando está en juego su fortuna entera.
Dionisio de Halicarnaso

La tímida petición ya trae su negociación.
Anónimo

Citas de autoridades en los negocios

El éxito es el hijo de la audacia.
Benjamin Disraeli

Soy audaz, pero se tomar opiniones. Es una opinión educada. Soy precavido. No soy irresponsable.
Philip Green

El tacto en la audacia es saber que tan lejos puedes ir sin ir muy lejos.
Jean Cocteau

Juré que iba a adquirir exclusivamente haberes y no deudas durante el resto de mi vida. Juré que nunca tomaría apuestas que no pudiera respaldar, o que no soportara perder. Y me he apegado a eso desde entonces.
Tim Blixseth

Junto con una fuerte creencia en tu propia voz interna, también se necesita una determinación tipo laser combinada con una firme determinación.
Larry Flynt

Se que tengo la habilidad de lograr el objetivo de mi exacto propósito en la vida, por lo tanto, demando de mí, persistente acción continua para lograrlo, y aquí a ahora prometo llevar a cabo tal acción.
Napoleon Hill

Tome una decisión en aquel momento de que iba a hacer algo de valor si podía. Y ninguna cantidad de tiempo, o cantidad de trabajo, ni cantidad de dinero me desalentaría para dar lo mejor que hubiera dentro de mí.

Y desde entonces lo he hecho así, y gano gracias a ello. Lo sé.
Coronel Sanders

Todos tus sueños se pueden volver realidad si tienes el coraje para perseguirlos.
Walt Disney

La audacia complementa a la prudencia en los negocios.
Carlos Véjar

```
┌─────────────────────────────────────────┐
│                                           │
└─────────────────────────────────────────┘
```

El lector

VI. COMERCIO (NEGOCIAR)

*Comercio: Negociación que se hace comprando
y vendiendo o permutando géneros o mercancías*

EL DIOS DEL COMERCIO

Mercurio, el dios de los pies alados, es uno de los muchos hijos conocidos del dios padre de todos los dioses: Júpiter.

Por su gran rapidez de trasladarse de un lugar a otro, y en reconocimiento a sus méritos, llegó a servir de mensajero de los dioses, según la mitología romana. Ni la telepatía, ni el chisme de los dioses le ganaban en rapidez.

El astuto Mercurio, desde su más tierna edad, se las ingenió para que los bienes de los demás pasaran a su propiedad. Siendo un infante de pecho, bajó de su cuna para conocer su medio ambiente, y se encontró a su hermano Apolo, "El Bello", cuidando un rebaño de doce vacas y cien terneras, y se dijo: "Estos animales muy pronto serán míos", y se los robó, pero descubierto por su hermano Apolo, tuvo que devolverlos.

Después, Mercurio interesado en hacerse lícitamente de dicho rebaño, y sabedor de que a Apolo lo que más le interesaba no era precisamente el trabajo sino el amor físico y el arte, decidió inventar y construir un nuevo instrumento musical. Para tal efecto, aprovechó el caparazón de carey de una tortuga, mismo que atravesó con doce cuerdas hechas con tripas de buey, las cuales amarró y tensó en forma diferente. Así, nos dice la leyenda, Mercurio inventó la primera lira de la historia. Apolo, al oírla y conocerla quedó embelesado de tan dulce y sonoro instrumento musical, el cual adquirió a cambio de su rebaño, que entregó en propiedad a Mercurio, quien aprovechó la oportunidad para permutarle a Apolo su caduceo (vara de oro) para conducir el rebaño, por una flauta conocida hoy en día como siringa, la cual fabricó expresamente.

Así, Mercurio inició su brillante destino. Su padre, en premio a su elocuencia y astucia, lo designó su heraldo. Por sus múltiples funciones, Mercurio llegó a ser el dios protector de los viajeros, oradores, comerciantes y ladrones.

Esta historia nos ilustra, entre otras cosas, que al conocer las preferencias del otro es mucho más fácil negociar para obtener de ellos lo que se necesita a cambio de satisfacer sus necesidades, negociación que no da lugar si quiera a consideraciones de moral o parentesco pues se trata simplemente de permutar bienes a cambio de otros.

Otras enseñanzas sobre la negociación en esta historia:

_____

_____

_____

_____

6. EL COMERCIO EN LOS NEGOCIOS

El oficio del comerciante consiste en traer una cosa de donde abunda a donde escasea.
Emerson

El dinero, y no la moral, es el principio de las naciones comerciales.
Thomas Jefferson

El comercio es el igualador de las riquezas en las naciones.
Gladstone

El comercio une al mundo en una común hermandad de dependencia mutua y de intereses recíprocos.
James A. Garfield

El espíritu egoísta del comercio no reconoce patria ni siente ninguna pasión o principio salvo el del lucro.
Thomas Jefferson

El comercio no tiene ni amistades ni familiares.
Proverbio

El padre que no enseña a tu hijo un comercio útil (oficio) le está enseñando a robar.
Talmud

Dios ama al comerciante honrado y al artesano activo y leal.
Coran

El mejor comerciante es el que más sabe de su negocio.
Séneca

Si el comercio fuera demasiado difícil no lo podrían manejar quienes hoy lo manejan.
Samuel Johnson

El comercio puede volverte un rey pero se roba tus ratos libres.
Anónimo

No pierdas tiempo aprendiendo los "trucos" del comercio. En vez de ello aprende el comercio.
Dicho

El comercio debería ser libre, aún en el infierno.
Dicho holandés

Vivimos en un mundo de comercio.
John B. Connaliy Jr.

No importa quien reine, el comerciante siempre reina.
Henry Ward Beecher

Lo que me convence del comercio es la actividad y el coraje que demanda. No se trata simplemente de juntar tus manos y rezar.
Henry David Thoreau

El negocio principal de los norteamericanos es el comercio.
Calvin Coolidge

El cliente siempre tiene razón.
H. Gordon Selfridge

Yo no enfrento la competencia, la aplasto.
Charles Revson

Las cosas valen más, no por su valor intrínseco, sino por la demanda que de ellas existe.
Dicho

Citas de autoridades en los negocios

Mi comercio y arte es vivir.
Michel de Montaigne

Estados Unidos tiene mucho que ganar en términos de trabajos y comercio sólo con cumplir la creciente demanda mundial de tecnologías avanzadas ambientalmente sólidas.
John McCain

Una conversación con fines comerciales es como la obscenidad… aparentemente no podemos definirla pero la reconocemos cuando la vemos.
Jef I Richards

En lo personal considero que China sabe que tiene que ser parte del mundo, y que debe tener la posibilidad de comerciar con Europa y Estados Unidos a fin de dar habitación y alimento a un billón de personas.
Jeffery Immelt

El comercio de los abogados es cuestionar todo, no ceder en nada y cobrar por hora hablada.
Thomas Jefferson

El que comande el mar, comanda el comercio, el que comanda el comercio del mundo comanda las riquezas del mundo, y por consecuencia al mundo.
Sir Walter Raleigh

Esto es "comercio electrónico"... Es potencialmente el futuro para la venta de medicamentos, y reconocemos que tenemos que tomar la delantera en éste rápidamente.
Howard Safir

Al finalizar el siglo XX, el comercio y la cultura se van acercando cada vez más.
Stephen Bayley

La fuerza del comercio es lo que nos metió en este embrollo, y es la única fuerza que puede sacarnos de él.
Gary Hirshberg

El comercio es hermano gemelo del negocio, y su principal auxiliar.
Carlos Véjar

El lector

VII. CONSEJOS

Consejo. *Parecer o dictamen que se da o toma para hacer o no hacer algo*

CRÁNEO DE CRISTAL

En un museo británico, se exhibe un bellísimo y traslúcido cráneo de cristal de roca. Esta joya del arte universal, producto de la cultura Mesoamericana, fue adquirida por un turista inglés a principios del siglo XX, en un rústico poblado de los cientos que aún existen en la República Mexicana, por el importe de un dólar, a una paupérrima mujer indígena.

Recientes investigaciones antropológicas han determinado que, con las primitivas técnicas prehispánicas de tallado y pulido, duró cerca de doscientos años la elaboración de dicho cráneo; casi cinco generaciones de escultores y talladores del Nuevo Mundo hicieron posible que tal obra de arte existiera y contara con su mandíbula inferior movible.

Es de suponerse que tal objetivo tuviera una función mágica y ceremonial, posiblemente representaba la cabeza descarnada de un importantísimo caudillo-rey-sacerdote del antiguo imperio del Sol-Mexica. La fuerza mítica de dicho personaje seguramente durante mucho tiempo rigió la estructura hegemónica de gobierno a través de los teomamaques (sacerdotes custodios de la imagen del dios e intérpretes de sus mandatos).

Para tener una idea de la importantísima función ritual y directiva del cráneo de cristal, imaginemos la siguiente visión de una ceremonia religiosa indígena, celebrada exprofeso.

En un recinto sin luz de un templo azteca, impregnado de olores de flores y del aromático humo del ocote, varios de los señores principales, ricamente ataviados, se encuentran sentados con la vista puesta al occidente. De repente, en un nicho en el centro del altar, se enciende e ilumina el cráneo de cristal, gracias al fenómeno de refracción de la luz emitida por carbones ardientes que momentos antes estaban ocultos dentro de los braceros.

Expectación, asombro, miedo, pánico, admiración, eran los sucesivos estados de ánimo de los espectadores, quienes veían mover las mandíbulas del cráneo de cristal y pronunciar sabias y sonoras palabras (emitidas por un sacerdote ventrílocuo) pletóricas de consejos y mandatos para sus bien amados hijos, los que invariablemente obedecían sus designios sobre la siembra, la industria, las artes, el comercio, las alianzas, los sacrificios humanos, la guerra y la paz.

Adjudicaré al cráneo de cristal la descripción y elogio de los "pochtecas" que constan en escritos prehispánicos, traducidos por expertos lingüistas mexicanos.

El pochteca es: "Traficante, vendedor. Hace préstamos, hace contratos. Acumula riquezas, las multiplica. El comerciante es viajero, buen caminante. Obtiene ganancias, encuentra lo que busca. Es honrado ..."

Los comerciantes aztecas, como ha acontecido en los grandes imperios de la historia universal, tenían una serie de funciones adicionales, como espías, mensajeros y embajadores.

Con fundamento en informes de los pochtecas, y cuando así lo decidían los sabios e incontrovertibles consejos y mandatos del cráneo de cristal, unidades del ejército salían con sus armas, banderas y estandartes de Huitzilopochtli, su dios, a conquistar nuevas tierras y pueblos.

Sin los atinados consejos de los pochtecas, el Imperio azteca no hubiera tenido la inmensa expansión territorial que llegó a tener en menos de una centuria.

Esta historia nos ilustra, entre otras cosas, que detrás de las empresas más significativas del hombre (ya sean actos de guerra o religión) se esconde muchas veces el consejo del comerciante que busca expandir sus negocios.

Otras enseñanzas sobre los consejos en esta historia:

_____

_____

_____

_____

7. LOS CONSEJOS EN LOS NEGOCIOS

Cuando quieras pedir consejo a otro, primero haz de saber cómo se ha gobernado él en sus negocios propios, porque el que mal hubiere administrado sus cosas, no aconsejará bien en las ajenas.
Isócrates

Pide consejo antes de comenzar, y cuando esté decidido, actúa prestamente.
Salustio

Los ricos siempre están dando consejos a los pobres, pero los pobres rara vez regresan el favor.
Lord Chesterfield

Bienaventurado el varón que no anduvo en consejos de malos.
Biblia — Salmos 1:1

Aprende a ser buen oyente.
Máxima

Muchos escuchan consejos, sólo los entendidos sacan provecho de ellos.
Syrus

La palabra es plata, el silencio es oro.
Refrán

Observa, escucha, calla, juzga poco, pregunta mucho.
A. Gaff

El que no escucha consejo no llega a viejo.
Refrán

Escucha a tus clientes. Ellos quieren comprar tus productos. Si les escuchas atentamente te dirán como vendérselos.
Anónimo

Ningún hombre aceptará un consejo, pero todos aceptarán dinero, de donde se deduce que el dinero vale más que el consejo.
Jonathan Swift

Siempre me fue bien cuando no seguí más que mi parecer; cuando empecé a creer en mis consejeros, perdí mi reputación y mi gloria.
Napoleón

Habla, para que yo te vea.
Séneca

A veces vale más callarse y que nos tomen por tontos, que abrir la boca y confirmar la sospecha.
Anónimo

Entre más estrecha la mente, más grande la boca.
Ted Cook

Los cantaros que más suenan, son aquellos que están vacíos.
John Jewell

He aquí una cosa que cuanto más se necesita menos se estima: el consejo.
Leonardo de Vinci

Nunca digas tu resolución antes de tiempo.
John Seiden

Citas de autoridades en los negocios

Los consejos son como la nieve: cuando más suave cae, más dura se vuelve en el suelo, y más se profundiza en la conciencia.
Paul Getty

Escuché a mi hija. Escuché a Paula, pero yo tomo las decisiones. La decisión de correr a Tom Cruise fue mía.
Sumner Redstone

Cuando adquirimos Viacom, todos decían que había sobre pagado. Pero incluso con precios en depresión como los de hoy, esa inversión vale billones. Todos decían que MTV era una moda. Yo sabía mejor.
Sumner Redstone

Nadie puede darte consejos cuando has estado cobrando por un tiempo. Si no disfrutas tomando tus propias decisiones, nunca serás un gran cobrador.
Charles Saatchi

La gente me pregunta que me da la autoridad para dar consejos. Yo respondo que en primer lugar, yo no doy consejos, el Dr. Phil da consejos. Mr. T ayuda a las personas. Yo las motivo, las inspiro, les doy esperanza y siembro la semilla para que se sientan bien consigo mismo.
Mr. T

El consejo en los negocios es una rara moneda. Es muy escasa, cuesta poco y vale mucho.
Carlos Véjar

El lector

VIII. CRÉDITO

Crédito. Cantidad de dinero, o cosa equivalente, que alguien debe a una persona o entidad, y que el acreedor tiene derecho de exigir y cobrar.

¡ÁBRETE SÉSAMO!

La palabra clave, la llave mágica con la cual Alí Babá abría la infranqueable puerta de sus mil y un tesoros: Ábrete Sésamo", le fue robada por uno de sus cuarenta ladrones, a cuya muerte, por decapitación, dicha llave se perdió y con ella el acceso a tan fantásticas riquezas.

Dicha palabra-llave-clave mágica fue un preciado don que un egoísta genio celeste otorgó sólo a un agraciado mortal. Más de mil años después, el genio financiero del orgulloso ser humano concibió e hizo realidad una llave tecnológica para uso de millones de seres humanos: la tarjeta de crédito.

Este formidable instrumento de crédito apareció primero en las grandes cadenas de almacenes y compañías petroleras estadounidenses, quienes emitían "tarjetas de cortesía" a sus clientes preferidos, para cuando éstos tuvieran necesidad de realizar operaciones a crédito. Después, las líneas aéreas emitieron las Air Travel Cards, exclusivas para hombres de negocios. Luego surgieron las tarjetas: Diners Club y American Express. En seguida el Bank of America y el Chase Manhattan crearon sus propias tarjetas de crédito, pioneras de todas las tarjetas de crédito con respaldo bancario.

La tarjeta de crédito es tal vez la más grande revolución en la historia del comercio mundial. Sin la pequeña tarjeta de plástico, actualmente codificada con caracteres magnéticos de identificación, millones de establecimientos comerciales y de servicios en toda la tierra no podrían existir. Asimismo, sin ella millones de seres humanos no tendrían crédito y todos sus pagos deberían realizarlos con dinero en efectivo. Las puertas de los "mil y un comercios" en todo el mundo estarían cerradas para el hombre común y corriente desde la segunda mitad del siglo XX y las cuales hoy tiene abiertas, "todo con el poder de su firma".

La tarjeta de crédito como negocio masivo de créditos individuales y de servicios de intermediación con los comerciantes aceptantes de las tarjetas demuestra una vez más que uno de los pilares en el éxito de los negocios es y será siempre la invención y la innovación tecnológica.

Esta historia nos ilustra, entre otras cosas, que una herramienta tan antigua en el mundo de los negocios como es el crédito, se sigue reinventando para potenciar el éxito de los negocios.

Otras enseñanzas sobre el crédito en esta historia:

_____

_____

_____

_____

8. EL CRÉDITO EN LOS NEGOCIOS

Dinero mal prestado, en lomo de venado.
Refrán

Toma el efectivo, y deja que el crédito se vaya.
Omar Khayyam

No pongas tu interés en el dinero, pero pon tu dinero al interés.
O. W. Holmes

Puede dejar de cobrarse el capital; pero, el interés nunca.
Regla de oro

El crédito de ningún hombre es tan bueno como su dinero.
E. W. Howe

La especie humana está compuesta de dos especies distintas: los hombres que piden prestado y los hombres que prestan.
Charles Lamb

El que paga tarde paga menos de lo debido.
Máxima

En Dios confiamos; que los deudores paguen en efectivo.
Proverbio norteamericano

No fío, ni presto, ni doy; porque si fío pierdo lo que es mío; si presto, al cobrar me hacen gesto; y si doy, pierdo lo de hoy; y para evitar todo esto: ni fío, ni presto, ni doy.
Proverbio latinoamericano

Financista es el dueño de una casa de empeño, con imaginación.
Arthur Wing Pinero

La rueda se inventó para que pudiéramos movernos más de prisa, y el crédito para que tuviéramos que movernos más de prisa.
Cullen Hightower

Hay que invertir en inflación. Es lo único que está subiendo.
Will Rogers

Un banquero es una persona dispuesta a prestarle dinero si usted muestra suficientes pruebas de que no lo necesita.
Herberth V. Prochnow

CITAS DE AUTORIDADES EN LOS NEGOCIOS

No te excedas mucho con un crédito. Compra dentro de tus límites. No valen la pena las noches sin sueño.
Sarah Beeny

Esas tasas de interés son insostenibles (las de tarjeta de crédito en México), impagables en la mayoría de los casos y aunque hay un aumento en la cartera vencida muy alta, y eso puede justificar que la tasa sea mayor, sería un error tenerla tan alta porque lo que va a provocar es la falta de pago de los deudores de la tarjeta.
Carlos Slim

Yo creo que si hay que ponerle un techo a esas tasas (de tarjeta de crédito) en contra de todo lo que piense la mayoría, no la mayoría de ustedes, sino de los bancos.
Carlos Slim

De cierto modo, haber quebrado no me molestaba. Eran los 80s, y no existía el estigma de la bancarrota que ustedes hubieran pensado. A mis amigos no les importó. Mi padre hacía negocios... sabía que esto podía ocurrir. Me prestó el dinero para salir de deudas y conseguí un préstamo en el banco para pagarle a él.
Simon Cowell

El mayor shock de haberlo perdido todo fue el darme cuenta que gran parte de mi vida había estado fuera de control. Cuando volví a hacer dinero, juré que nunca más me pasaría. Compraba cosas sólo cuando podía pagarlas. No hubo más créditos, no más carros en autofinanciamiento. Recuerdo haberme comprado un carro deportivo Triumph TR6 por 6,000 libras, y curiosamente me dio más placer del que un Porsche jamás haya tenido.
Simon Cowell

Hoy en día las estrategias de varias compañías en la industria de bienes raíces se basan en la premisa de tasas de interés bajas, una presunción que ha resultado en la rápida expansión del negocio de la bursatilización de bienes raíces. Esta tendencia pudiera considerarse como un factor de riesgo, ya que expone al sector de los bienes raíces a cuando menos tres problemas potenciales: primero, los picos de las tasas de interés; segundo revisiones a la bursatilización de los estándares contables de los negocios; y tercero, sobrecalentamiento en el mercado de bienes raíces.
Akira Mori

Después de contraer matrimonio, todos los bienes que cualquiera de los dos adquiere es propiedad de ambos. Es por ello que ambos deben estar en sincronía con sus metas financieras a largo plazo, desde pagar la hipoteca hasta el ahorro para el retiro. Sería ideal hablar de todo esto antes de que se casen. Si no lo haces puedes acabar profundamente frustrado y financieramente acabado.
Suze Orman

Es mejor otorgar crédito con dinero ajeno, que con recursos propios.
Carlos Vejar

El lector

IX. DINERO

Dinero: Moneda corriente. Hacienda, fortuna.

LA MAGIA DEL TRABAJO

Aladino quedó sorprendido y asombrado cuando el malvado genio de la lámpara maravillosa le dio la respuesta que menos esperaba a sus deseos:

¿Quieres mujeres hermosas? ¿Quieres poder? ¿Quieres riquezas?

Es muy fácil hacer realidad tus deseos: Trabaja, Aladino, trabaja. Los sueños y ambiciones de la humanidad sólo se realizarán con el trabajo del hombre y de los pueblos.

Strong Dollar. In God We Trust. Esta filosofía de confiar en Dios y en una moneda fuerte hizo posible la potencia más grande del siglo XX. El instrumento de expansión mundial de Estados Unidos no fueron sus armas; ni sus diplomáticos; ni los hot-dogs; ni la Coca-Cola, sino una moneda de aceptación universal: el dólar. ¿Cuál era su principal valor intrínseco? ¿El oro que lo respaldaba? ¿La gran producción industrial? ¿Una gigantesca cartera de divisas internacionales? ¿El más grande y sofisticado ejército de guerra? ¿Una gran tecnología de punta? No. La única respuesta aceptable: el dólar representaba la confianza universal en el trabajo real de toda una gran nación en crecimiento.

El dinero sano o divisa fuerte es, finalmente, la representación del trabajo realizado y su principal forma de remuneración. Por ello, quien paga con dinero realmente paga con el fruto de su trabajo o el de otros, y lo que adquiere a cambio es resultado del trabajo de otros. El producto mágico del trabajo es la riqueza, que, simplemente consiste en la posesión legítima del trabajo acumulado, susceptible de expresarse o traducirse en dinero.

¿Qué hace que el Yen y Euro se estén consolidando como las más importantes divisas fuertes del mundo? ¿Su escaso territorio? ¿Sus reducidas materias primas? ¿Su innovadora tecnología? ¿Su capacidad de producción industrial? ¿Su capacidad exportadora? No. Es el trabajo "duro, fecundo y creador" de estos pueblos.

Recuerda, Aladino, sólo trabajando se hace dinero. Tal es el secreto que hará funcionar tu lámpara maravillosa, y te permitirá hacer realidad tus deseos. Consejo firmado con humo de una nube blanca por el genio del sentido común.

> *Esta historia nos ilustra, entre otras cosas, si bien el dinero es reflejo de un valor intangible, su fuente de producción y obtención es el trabajo, la fuente de su fortuna.*

Otras enseñanzas sobre el dinero en esta historia:

———————————————————————————

———————————————————————————

———————————————————————————

———————————————————————————

9. EL DINERO EN LOS NEGOCIOS

El dinero responde a todo.
Biblia

Escudo es la ciencia y escudo es el dinero.
Biblia

El dinero es el mejor cimiento y zanja del mundo.
Cervantes

El amor al dinero es la raíz de todos los males.
Biblia

La falta de dinero es la raíz de todos los males.
Mark Twain

Poderoso caballero es don dinero.
Quevedo

Dinero llama dinero.
Proverbio inglés

Tiempo es dinero.
Proverbio inglés

El dinero mueve al mundo.
Publilius Syrus

El dinero es importante para el que no lo tiene.
Dicho

El dinero hace al hombre.
Proverbio griego

El dinero es el hombre.
Proverbio alemán

Que digan todo lo que quieran los sabios, pero es el dinero lo que hace al hombre.
William Somerville

El dinero legitima todo, aun a los bastardos.
Proverbio israelita

El dinero es sin duda la cosa más importante del mundo, y toda nación y cualquier moral personal sana y acertada debe tener este hecho en cuenta.
Bernard Shaw

Tener dinero es fuente de temor; no tenerlo es fuente de dolor.
George Herbert

El que tiene dinero teme; el que no tiene sufre.
Proverbio latino

Nada atormenta más que la pérdida de dinero.
Livio

El dinero es vida para los desgraciados mortales.
Hesíodo

Muchas veces compramos el dinero demasiado caro.
Tahckeray

Cuida los centavos que los pesos se cuidan solos.
Dicho

El dinero cuesta más trabajo guardarlo que ganarlo.
Refrán

El dinero es como un brazo o una pierna, o se usa o se pierde.
Henry Ford

El chiste no está en tener dinero, sino en saberlo gastar.
Dicho

Un necio puede muy bien ganar dinero, pero solo un sabio gastarlo.
C. H. Spurgeon

La salud y el dinero son para usar de ello.
Cristina de Suecia

El dinero en esta vida tiene genio y tiene casta: no sirve si no se cuida, ni sirve si no se gasta.
Copla aragonesa

El dinero es la semilla del dinero, y el primer duro es más difícil de ganar que el segundo.
Rousseau

Las libras no son hijas de libras, sino de los peniques.
Charles Buxton

El dinero es redondo para que ruede.
Refrán

El dinero va y viene, como las olas del mar.
Dicho

El dinero se escurre como anguila en la mano.
Proverbio gales

El dinero no tiene pies, pero corre.
Proverbio japonés

El dinero no tiene oídos, pero escucha.
Proverbio japonés

El dinero hace a la gente libre en cualquier parte.
Proverbio escocés

Dinero a mano, remedio listo.
Proverbio latino

Con dinero uno puede mandar hasta al demonio; sin dinero, ni siquiera puede hacer llamar a nadie.
Proverbio chino

El dinero: bien de mis males, mal de mis bienes.
Refrán

Si quieres saber lo que piensa el buen Dios sobre el dinero, sólo hay que mirar a quienes se lo ha dado.
Maurice Baring

Si quieres conocer el valor del dinero, trata de conseguirlo prestado.
Franklin

El dinero es una garantía de que se podrá obtener lo que se quiera en el futuro.
Aristóteles

El dinero da al hombre treinta años más de dignidad.
Proverbio chino

El dinero no puede hacer que seamos felices, pero es lo único que nos compensa de no serlo.
Benavente

El dinero es un dulce consuelo.
Proverbio árabe

El dinero a la mano siempre estará de moda.
Thomas Fuller

El dinero siempre está de moda.
Thomas Draxe

El dinero que legítimamente me corresponde, se encuentra en los bolsillos de los demás. Hacer negocios significa encontrar los medios de cómo hacer que el dinero regrese a mis bolsillos.
Salvador Michaus

No puedo dejar de hacer dinero, eso es todo.
Helena Rubinstein

El dinero es la llave que abre todas las puertas.
Moliere

El dinero constante y sonante es una lámpara de Aladino.
George Gordon

El que consigue dinero no se cansa nunca.
Biblia

El dinero es otra especie de sangre.
Proverbio latino

Cuando se habla de plata todos callan.
Proverbio alemán

Cuando el dinero habla la verdad se calla.
Proverbio ruso

Una bolsa de dinero es más fuerte que dos bolsas de verdades.
Proverbio danés

Si el dinero va delante, todos los caminos están abiertos.
William Shakespeare

Cuando se trata de dinero todos son de la misma religión.
Voltaire

Tratándose de puercos todo es dinero, tratándose de dinero todos son puercos.
Refrán

Dios creó a las abejas, y ellas la miel; Dios hizo al hombre y él el dinero. A las dulzuras del dinero soy siempre fiel, pues quien tiene dinero suele ser el primero.
Anónimo

No gastes tu dinero antes de ganarlo.
Jefferson

El dinero que tarda en venir, cuando llega pasa volando.
Joaquín Setanti

Tratándose de dinero: las cuentas claras y el chocolate espeso.
Refrán

Siempre ha causado una especie de satisfacción morbosa la rapidez con que se evapora el respeto y la admiración, al quedarse el individuo sin dinero.
J. K. Galbraith

El don sin din no es nada.
Dicho

El dinero es miel, mi hijo querido, y el chiste del rico siempre es divertido.
T. E. Brown

Viejo sin dinero, viejo majadero.
Dicho

Cuando yo tenía dinero todo el mundo me llamaba hermano.
Proverbio polaco

El dinero y el amor no admiten encubridor.
Dicho

Aun los ciegos pueden ver el dinero.
Proverbio chino

Cuídate de la falsa moneda que de mano en mano va y a ninguno se le queda.
Dicho

El dinero no huele.
Proverbio latino

Hay dinero que requiere lavarse …
Proverbio latinoamericano

El dinero es buen siervo pero mal maestro.
Bacon

Hay tres amigos fieles: una esposa vieja, un perro viejo y dinero contante y sonante.
Benjamín Franklin

¡Oh miseria humana, a cuantas cosas te sometes por el dinero!
Leonardo De Vinci

Ve cuánto dinero tienes y cuanto dinero debes, y sabrás cuanto vales.
Dicho

No hay peor dinero que el que no se tiene.
Dicho

El dinero es como el estiércol: sólo es bueno cuando se esparce.
Francis Bacon

Nunca cuentes el dinero que no tienes.
Dicho

Nunca cuentes el dinero delante de los pobres.
Dicho

De aquel que opina que el dinero puede hacerlo todo, cabe sospechar con fundamento que será capaz de hacer cualquier cosa por dinero.
Franklin

Quienes opinan que el dinero todo lo puede, sin duda están dispuestos a todo por el dinero.
E. P. Beauchene

Todo el mundo cree que cualquier tonto puede hacer dinero, pero quien así piensa es más tonto todavía.
Charles Caleb Colton

Un tonto y su dinero se separan muy pronto.
George Buchanan

Un tonto y su dinero se separan pronto. Lo que me gustaría saber es cómo llegaron a unirse la primera vez.
Cyril Fletcher

No fue Filipo, sino el oro de Filipo, el que se apoderó de las ciudades de Grecia.
Plutarco

Ningún candado resiste el poder del oro.
George Herberth

Los hombres, tal como son, se inclinan por naturaleza a ir en pos del dinero o del poder, y del poder porque vale tanto como el dinero.
Emerson

Según es el dinero, es el meneo.
Refrán

Por dinero baila el perro.
Proverbio inglés

Con dinero baila el perro, y sin dinero el hombre baila como perro.
Refrán

El que tiene dinero tiene en el bolsillo a los que no lo tienen.
Tolstoi

Con dinero no se olvidan los encargos.
Refrán

El hombre a veces es más generoso cuando tiene poco dinero que cuando tiene mucho, quizá por temor a descubrir su escasa fortuna.
Franklin

No hay que echarle dinero bueno al malo.
Refrán

No hay dinero más productivo que el que deja la administración del dinero de los demás.
Dicho

El mejor negocio es el dinero utilizado como mercancía.
Proverbio armenio

El populacho puede silbarme, pero cuando llegó a mi casa y pienso en mi dinero, me aplaudo a mí mismo.
Horacio

Un hombre sin dinero es como un lobo sin dientes.
Proverbio francés

Un hombre sin dinero es como un arco sin flecha.
Thomas Fuller

CITAS DE AUTORIDADES EN LOS NEGOCIOS

Yo diría que el problema más grande de mi vida… ha sido el dinero. Toma mucho dinero hacer estos sueños realidad.
Walt Disney

El dinero es uno de los temas más importantes de toda tu vida. Algunos de los más grandes disfrutes y de las más grandes decepciones en la vida provienen de tus decisiones sobre el dinero. Experimentar una gran paz mental o una constante ansiedad dependerá de poner tus finanzas bajo control.
Rober G Allen.

La educación financiera necesita ser parte de nuestro currículum nacional y sistema de calificaciones para que no sean sólo los hijos de ricos quienes puedan aprender sobre el dinero, y lo podemos aprender también todos nosotros.
David Bach

No hay sustituto para el conocimiento. Hasta el día de hoy, leo tres periódicos al día. Es imposible leer un periódico sin estar expuesto a ideas. Y las ideas… más que el dinero…son la verdadera divisa para el éxito.
Eli Broad

¿De qué sirve el dinero si no puede inspirar terror en el prójimo?
Monty Burns

Para atraer dinero, debes enfocarte en la riqueza. Es imposible traer más dinero a tu vida cuando te estás dando cuenta que no tienes lo suficiente, porque eso significa que estás pensando en ideas respecto de lo que no tienes.
Rhonda Byrne

No hay clase tan lastimosamente miserable como aquella que posee dinero y nada más.
Andrew Carnegie

El dinero es abundante para aquellos que entienden las simples reglas que gobiernan su obtención.
George Clason

La gente que se vuelve rica casi siempre mejora su vida sexual. Más personas quieren tener sexo con ellos. Así es como funcionan los seres humanos. Dinero es poder. Poder es un afrodisiaco. El dinero no me hizo feliz, pero definitivamente mejoró mi vida sexual.
Felix Dennis

Si el dinero es tu esperanza para obtener independencia, nunca lo obtendrás. La única seguridad certera que un hombre podrá tener en esta vida es una reserva de conocimiento, experiencia, y habilidad.
Henry Ford

Cualquiera que piensa que el dinero te hará feliz, nunca ha tenido dinero.
David Geffen

El Internet no lo cambia todo. No cambia la oferta y la demanda. No te permite mágicamente construir negocios al convertir el dinero de los inversionistas en gastos operativos por tiempo indefinido. El dinero eventualmente siempre se acaba. El Internet no cambia eso, como ya lo hemos visto.
Andrew Grove

No trabajes solamente por el dinero... eso sólo te traerá satisfacción limitada.
Kathy Ireland

Si trabajas únicamente por dinero, nunca harás dinero. Pero si amas lo que haces y siempre pones al cliente por delante, el éxito será tuyo.
Ray Kroc

Tengo un problema con demasiado dinero. No puedo reinvertirlo lo suficientemente aprisa, y porque lo reinvierto, más dinero ingresa. Sí, el rico sí se hace más rico.
Robert Kiyosaki

Vamos al colegio para aprender a trabajar duro por el dinero. Yo escribo libros y creo productos que enseñan a cada persona cómo hacer dinero y trabajar duro por él.
Robert Kiyosaki

El que decide dedicar su vida a la política sabe que ganar dinero no es la principal prioridad.
Angela Merkel

El dinero no es mi dios ni mi diablo. Es una forma de energía que tiende a hacernos más de lo que ya somos, ya sea codicioso o amoroso.
Dan Millman

El hombre que no trabaja por el amor al trabajo sino sólo por dinero probablemente no hará dinero ni encontrará mucha diversión en la vida.
Charles Schwab

La falta de dinero es la raíz de todos los males.
George Bernard Shaw

Si realizas el trabajo correcto entonces el dinero vendrá a ti. Porque la gente que te necesita te solicitará, preguntará por ti, te atraerá, y estará dispuesta a pagarte por tus servicios.
Jose Silva

No hay cantidad suficiente de dinero en el mundo que te haga sentir a gusto si no estás a gusto contigo mismo.
Stuart Wilde

El dinero es fruto y representación del trabajo, y su principal forma de retribución.
Carlos Véjar

El lector

X. ÉXITO

Éxito. *Resultado feliz de un negocio, actuación,
etc. Fin o terminación de un negocio o asunto.*

TRIUNFO DE UNA FE

Para el valiente Moctezuma II, tlatoani (señor), tlamatini
(sabio), y tlacatecutli (emperador), quien recientemente
había declarado ante los principales dirigentes y
dignatarios de su ejército, que estando la República de
Tlaxcala aún por ser conquistada, "no se podía tener por
señor universal del mundo", que la próxima entrevista
que había concertado con un "hombre blanco y barbado"
en Tenochtitlan, capital del Imperio azteca, era sin duda
una cita con el destino y el cumplimiento de una antigua
y terrible profecía.

Cuenta la historia sagrada del pueblo del sol que
Quetzalcóatl—Topitlizin fue un importantísimo
benefactor y sacerdote del pueblo azteca, quien, por
oponerse a los sacrificios humanos e innovar el ritual
religioso, fue atacado y perseguido hasta la orilla del
mar, en donde herido se internó en la inmensidad del
agua salada, no sin antes prometer que en un día (Ce-Atl)
regresaría desde las regiones donde el sol nace, para
salvar a su pueblo de los sanguinarios rituales religiosos
que realizaban sus sacerdotes-hechiceros.

El 5 de noviembre del año 1519, Hernán Cortés, audaz capitán español, compareció ante el temido y reverenciado señor del Anáhuac, investido de todos los atributos mágicos escatológicos de una leyenda indígena, que él mismo desconocía y que, sin embargo, encarnaba a la perfección.

Llegó procedente de ignotas tierras del sol naciente, del otro lado del océano, en once gigantescas casas flotantes. Penetró con 400 soldados españoles a los territorios del Imperio azteca, destruyó los ejércitos de los naturales, haciéndolos súbditos y tributarios del poderoso y cristiano Reino español. Combatía con armas propias de un dios: Relámpagos de muerte (cañones y mosquetes); un ejército de veinticinco hombres de metal-venado, sin astas (soldados con armadura, montados sobre caballos); terribles lobos-fieras de combate (perros de caza), y una devastadora y mortal arma biológica: la viruela.

El primer encuentro de los representantes de dos mundos, resultó sumamente formal y cordial; inclusive, a petición del astuto Cortés, quien decía tener una "grave enfermedad del corazón que sólo se la curaba el oro", fue invitado a conocer el sancta sanctorum de las divinidades mexicas, recubiertas de oro, pinturas, plumas, jades y otras piedras preciosas.

En el interior de un hermosísimo templo estaban colocados sobre altares y nichos, ídolos representativos de los principales dioses del panteón azteca. Ante este majestuoso escenario, Cortés, por medio de fieles traductores, dio a conocer a Moctezuma y su corte real, los principios y fundamentos básicos de la religión católica. Sin duda, uno de los informes que más impactaron y subyugaron el ánimo y la fe del valiente tlamatlini azteca, fue el hecho de que el dios cristiano muriera en una cruz y diera su sangre por la redención del género humano; con lo cual, la doctrina que pregonaba Quetzalcóalt de no derramar sangre para alimentar a Huichilopoztli, dios del sol, encontraba todo su significado y trascendencia: "Dios es señor y dador de vida y no quiere la muerte de sus hijos..."

La réplica de Moctezuma a la petición de Cortés de que aceptara la religión católica que sostenía la existencia de un solo y único Dios del universo, fue una tímida y diplomática negativa diciéndole que cada pueblo tenía sus dioses protectores, que los del pueblo azteca eran muy queridos, adorados, respetados y temidos por sus súbditos, y que, por favor, ya no le explicara más acerca de un dios muerto en una cruz...

A continuación, Cortés en un acto de genial inspiración y magistral audacia, logró el más inconmensurable y sorpresivo éxito que jamás mortal alguno haya alcanzado.

Tomando un mazo de hierro, y saltando como enloquecido de un lado para otro, empezó a golpear, romper y hacer añicos los múltiples ídolos multicolores de piedra y terracota que se encontraban en el sagrado recinto. Así, "sin parar en mientes" pulverizó a Hutzilopoztli, dios de la guerra (protector de Tenochtitlan); a Coatlicue, diosa de la tierra (la de las calaveras y serpientes); al Tezcatlipoca-Negro, el dios de los hechiceros (el espejo humeante); a Tláloc, el viejo dios del agua (pico de ave y soplador de vientos); y a Mictlatecuhtli, dios de los muertos, entre otros muchos ídolos que, hechos pedazos, enmudecieron para siempre.

Con este acto de aparente profanación y brutal salvajismo que no osaron castigar los dioses aztecas, doblegó el espíritu valeroso y combativo de Moctezuma y de los principales nobles aztecas que lo presenciaron horrorizados, con las pupilas a punto de estallarles. En verdad, esa escalofriante y calculadora acción de Cortés, simboliza el triunfo de una guerra psicológica entre dos mundos, instaurada en el campo de la religión. Fue el triunfo de la fe, y no el de las armas, el fundamento del éxito que hizo posible que un temerario y audaz buscador de fortuna lograra saciar buena parte de sus ambiciones personales, y adquiriera, de un solo golpe, para su patria, el control de todo el Imperio azteca, que contaba en esa época con una población cercana a los 12 millones de seres humanos, asentados en 32 provincias tributarias del Imperio del Sol, y con cuyas riquezas, más de cuatro siglos después, gracias al talento de Cortés, se siguió inundando, literalmente, con abundantes ríos de oro, plata y materias primas, al Viejo Mundo.

Esta historia nos ilustra, entre otras cosas, que para lograr el éxito en un negocio, por imposible que este nos parezca, es necesario a veces poner todo de por medio, recursos, estrategias, tecnología, etc., todo, incluyendo la fe.

Otras enseñanzas sobre el éxito en esta historia:

_____

_____

_____

_____

10. EL ÉXITO EN LOS NEGOCIOS

La confianza en uno mismo es el primer secreto del éxito.
Emerson

¿No sabéis que los que corren en el estadio, todos en verdad corren, pero sólo uno obtiene el premio? Corred de tal modo que lo ganéis.
Biblia-1 Corintios 9:24

Vine, vi, vencí.
Julio César

El verdadero triunfador en la vida es la persona que hace profesionalmente lo que más le gusta hacer, y además le pagan por hacerlo.
Anónimo

El éxito es el único juez terrenal de lo recto y lo equivocado.
Adolfo Hitler

La llave del éxito en la vida es el conocimiento del valor de las cosas.
John Boyle O.

El éxito en la vida consiste en seguir siempre adelante.
Samuel Johnson

Un paso más adelante de la derrota, se encuentra el éxito.
Anónimo

No hay nada más temeroso que una gran victoria, excepto una gran derrota.
Wellington

Aníbal sabía cómo conseguir una victoria, pero no sabía aprovecharla.
Plutarco

Vencer sin peligro es triunfar sin gloria.
El Cid

Traspasa el éxito cruzando la meta; dándole la espalda, sin reposar, como los remeros.
Máxima

La persona paciente tiene el éxito a su alcance y la impaciente el fracaso.
Proverbio japonés

El entusiasmo es un puente entre el éxito y el fracaso.
Proverbio japonés

El éxito es un resultado, no una meta.
Gustave Flaubert

El secreto del éxito en la vida de un hombre está en prepararse para aprovechar la ocasión cuando se presente.
Disraeli

El éxito nunca es donación, es una conquista.
Orison Sweet Marden

Con otra victoria como ésta, estoy perdido.
Pirro

Para tener éxito, siga adelante.
Sam Rayburn

La mayoría de las veces, el éxito depende de saber cuánto se ha de tardar en lograrlo.
Montesquieu

El mundo quiere a los vencedores, y no tiene tiempo de atender a los que pierden.
Knute Rockne

Vencer no es convencer. Convencer es vencer.
Dicho

El éxito justifica la acción.
Ovidio

Mi éxito en los negocios se debe a que mi cerebro no me lo estropeó la universidad.
Anónimo

El éxito se alcanza con una actitud mental positiva y un trabajo duro y prolongado.
Dicho tradicional

CITAS DE AUTORIDADES EN LOS NEGOCIOS

Familia, religión, amigos… estos son los tres demonios que debes vencer si quieres tener éxito en los negocios.
Monty Burns

El precio del éxito es el trabajo duro, la dedicación al trabajo inmediato, y la determinación de que habiendo ganado o perdido, hemos empleado lo mejor de nosotros mismos en la tarea que nos ocupa.
Vince Lombardi

Es fácil tener fe en uno mismo y tener disciplina cuando se es un triunfador, cuando se es el número uno. Lo que tienes que tener es fe y disciplina cuando no eres todavía un triunfador.
Vince Lombardi

El púnto culminante, me parece, fue cuando me di cuenta realmente que lo puedes hacer tu mismo. Que tienes que creer en ti porque a veces esa es la única persona que puede creer en tu éxito.
Tim Blixseth

Sólo existen dos palabras que siempre te llevarán a alcanzar el éxito. Esas palabras son sí y no. Indudablemente, has logrado maestría en decir sí. Así que comienza a practicar el decir no. Tus metas dependen de ello.
Jack Canfield

Los hombres que logran el éxito son hombres que han elegido una sola línea y se apegan a ella.
Andrew Carnegie

Para alcanzar el éxito en el mundo de hoy, uno debe tener la voluntad y la tenacidad para terminar el trabajo.
Chin-Ning Chu

Hay muchas cosas que conllevan en lograr el éxito. A mí no me gusta sólo hacer las cosas que me gustan hacer. Me gusta hacer cosas que lleven a la empresa a alcanzar el éxito. No dedico mucho tiempo a realizar mis actividades favoritas.
Michael Dell

La persona exitosa hace un hábito de hacer lo que a la persona fracasada no le gusta hacer.
Thomas Edison

Encontrarás muchas distracciones y muchas tentaciones para poner tus metas de lado: la seguridad de un trabajo, una esposa que quiere tener hijos, lo que sea. Pero si te mantienes ahí, siempre siguiendo tus ideas, no tengo duda alguna que lograrás el éxito.
Larry Flynt

El hombre que ha logrado su mayor nivel, y que es consciente de que ha hecho su mayor esfuerzo, es un exitoso, aún y cuando el mundo lo describa como un fracasado.
Bertie Charles Forbes

Si quieres ser exitoso en determinado campo de actividad, considero que la perseverancia es una de las cualidades clave. Es muy importante que encuentres algo que te importe, sobre lo que tengas una profunda pasión, ya que tendrás que dedicar una gran parte de tu vida a ello.
George Lucas

El fracaso nunca me derrotará si mi determinación para lograr el éxito es lo suficientemente fuerte.
Og Mandino

La mayoría de la gente se rinde cuando están a punto de lograr el éxito. Renuncian cuando están en la última yarda. Se rinden en el último minuto del juego, a un paso de anotar el gol del triunfo.
Ross Perot

Para lograr el éxito, debes vivir peligrosamente... siempre y cuando el riesgo sea racionalmente aceptado y siempre y cuando los beneficios superen con creces el riesgo.
Sumner Redstone

El Viejo adagio de que "el éxito procrea éxito" tiene algo de cierto. Es ese sentimiento de confianza que puede desterrar la negatividad y a la procrastinación y te ponen en el camino correcto.
Donald Trump

El hombre de éxito en los negocios siempre es más grande que su leyenda.
Carlos Vejar

El lector

XI. FAMILIA

Familia: *Conjunto de ascendientes, descendientes, colaterales y afines de un linaje. Conjunto de personas que tienen alguna condición, opinión o tendencia común.*

UNA FAMILIA "EJEMPLAR"

Cuando se habla del renacimiento en Italia, se piensa en nombres de familia, los Visconti y los Sforza de Milán, los Este de Ferrara, y los Gonzanga da Mantua, pero sin lugar a dudas son los Médici de Florencia los más renombrados, al ser una familia con origines de comerciantes y banqueros que llegaron a gobernar la Toscana, controlar la política y la religión de aquella época. Su nombre trasciende no sólo por su importancia en la historia de Italia y del renacimiento, sino también gracias a su gran mecenazgo que nos heredó obras de artistas como Brunelleschi, Donatello y Filippo- Lippi, Rafael y que apoyó artistas como Botticelli, Miguel Angel, Verrocchio, e incluso Leonardo da Vinci.

Geniales todos, pero sin duda su reputación internacional comienza con Cosme de Medici por haber duplicado la fortuna de la familia, y por haber contribuido a convertir a Florencia en un centro cultura renacentista. Su poderío económico los llegó a emparentar con familias aristocráticas y a ser víctimas de conspiraciones que cobró la vida de varios de ellos. Algunos consolidaron la riqueza y poderío familiar, otros la pusieron en peligro, pero en todo momento salía a relucir el apoyo familiar. Sin lugar a dudas la mejor inversión hecha por los Medici fue haberse apoyado unos a otros (incluyendo hijos naturales)

Su apoyo mutuo lo ilustra el nepotismo ejercido a través de los nombramientos del papa León X (Alessandro de Médici) quien otorgó órganos principales de la iglesia católica a sus familiares, y de quien se dice apoyó con el dinero papal campañas de guerra para su sobrino Lorenzo II. Su visión de comerciante fue más afortunada que su gestión religiosa. Como buen Médici su mecenazgo permitió que Rafael iniciara los trabajos para construir la basílica de San Pedro, cuyo costo fue pagado gracias a un mayor incremento en la venta de bulas de indulgencia (razón por la que Lutero decide romper con la Iglesia católica y da origen a la reforma protestante).

Giulio de' Médici, también fue papa (Clemente VII), quien confiado en su posición se enfrentó al poderoso Carlos V, aunque terminó por buscar la reconciliación al coronarlo emperador, no sin antes conseguir se les devolviera a los Medici el control sobre Florencia. Y por último Alessandro Ottaviano de Médici también fue papa (León XI) gracias al apoyo financiero del rey Enrique IV quien por haberse casado con Maria de Medici lo convertía en su pariente.

Traiciones, envenenamientos, reinas de Francia (Catalina y María de Médicis), papas, duques, toda una legión de personajes famosos, poderosos y ricos. Por más de 300 años los Medici fueron pieza clave de la historia renacentista, hasta que la decadencia llegó al no dejar descendientes varones que continuaran con tan maravilloso linaje de negocios familiares que se originaron en Florencia pero que se expandieron por toda Europa, el mediterráneo y que forjaron vínculos con las rutas comerciales del Oriente.

Textiles, alimentos, joyería, prestamos, seguros, transporte, negocios y más negocios fue el rasgo genético común del los Médici, pero sobre todo y por encima de su talento natural fue la confianza y solidaridad entre sus familiares lo que permitió que tantos personajes de esta familia llegaran tan lejos en los negocios.

Esta historia nos ilustra, entre otras cosas, que un buen negocio puede comenzar invirtiendo en la familia.

Otras enseñanzas sobre la familia en esta historia:

_____

_____

_____

_____

_____

11. LA FAMILIA EN LOS NEGOCIOS

(Grecia gobierna al mundo) Los atenienses gobiernan a los griegos. Yo gobierno a los atenienses. Mi mujer me gobierna a mí. Mi hijo la gobierna a ella. ¿Quién gobierna al mundo?
Temístocles

¿No sabíais que en los negocios que son de mi Padre me conviene estar?
Biblia (Lucas 2:49)

La familia burguesa se basa en el capital, en el lucro privado.
Carlos Marx

No hay más amigo que Dios, ni más pariente que un peso.
Refrán

Más vale ser hijo de millonarios, que millonario; pues al primero no le cuesta nada gastar lo que acumuló el talento y esfuerzo de sus padres.
Anónimo

De padre avaro, hijo pródigo.
Dicho

La riqueza heredada constituye un gran obstáculo para la felicidad y representa una muerte tan segura para la ambición como lo es la cocaína para lo moralidad.
Vanderbilt

De padres millonarios, hijos caballeros y nietos limosneros.
Dicho

De los parientes y del sol cuanto más lejos mejor.
Anónimo

No tiene la culpa el indio, sino quien lo hace compadre.
Refrán

Aquel que es muy poco inteligente, a su propio hermano le clava el diente.
Edward Young

Siempre se ha demostrado ser un mal negocio exhibir a los parientes pobres la cuantía de las propias riquezas.
Dicho

Los préstamos entre familiares, corren el riesgo de degenerar en donaciones.
Dicho

CITAS DE AUTORIDADES EN LOS NEGOCIOS

Soy serio cuando hago mi trabajo. No soy serio cuando estoy en casa con mis hijos.
Bill Gates

No es suficiente hacer tiempo para tus hijos. Hay ciertas etapas en sus vidas en las que tienes que darles tiempo cuando ellos lo quieren. No puedes dirigir a tu familia como si fuese una empresa. No funciona.
Andrew Grove

Trabajo con gente maravillosa que me apoya. Y mis creencias son que los negocios tienen que servir a la familia y no el que la familia sirva al negocio.
Kathy Ireland

Cuando miro hacia atrás en mi carrera como entrenador, pienso en mi familia, pienso en los días que pasamos juntos. Esto se lo repito a entrenadores de todas partes: si alguna vez tienes la oportunidad de llevar a tus hijos contigo, llévalos. No pierdas esa oportunidad porque cuando todo se haya terminado, cuando mires hacia atrás, esas van a ser tus memorias más queridas.
John Madden

Yo crecí en una familia de clase obrera en la que no había seguro para la salud. Yo viví de primera mano la fractura del sueño americano y la amargura que viene cuando no hay esperanza y mucha desesperación. Esto me hizo querer construir la empresa, de forma tal, que fuese la empresa en la que mi padre nunca tuvo la oportunidad de trabajar.
Howard Schultz

Yo manejo mis negocios como un negocio familiar. Firmo cada uno de los cheques, cada recibo, no soy dura, pero soy fuerte.
Ivana Trump

A mayor solidaridad familiar, corresponde una más amplia permanencia de los negocios familiares.
Carlos Véjar

El lector

XII. IDEAS

Idea: *Primero y más obvio de los actos del entendimiento, que se limita al simple conocimiento de algo. Plan y disposición que se ordena en la fantasía para la formación de una obra. Intención de hacer algo. Ingenio para disponer, inventar y trazar una cosa.*

PLANETA VERDE

El mayor ecocidio de la historia de la humanidad aconteció en los lejanos principios del siglo XXI. Sus dañinas consecuencias fueron un legado irreversible de los hombres de aquella centuria, quienes, no obstante, nos heredaron otras cosas muy valiosas, entre ellas las bases científicas fundamentales de las sofisticadas tecnologías ecológicas, de las cuales hoy en día disfrutamos.

La más importante de estas primitivas tecnologías fue sin duda la patente para sacar agua dulce y pura del mar, que resolvió para siempre el problema de escasez de agua potable proveniente de ríos, lagos y zonas freáticas, que en aquella época estaban altamente contaminados.

Este invento fue patentado y comercializado por el renombrado abogado "Roberto Robalo, Ladrón de Guevara" quien gracias a sus grandes conocimientos en materia de propiedad intelectual y comercialización logró amasar una fortuna hasta hoy envidiable.

Lo que pocos saben es que el inventor de esta tecnología el entonces estudiante "Inocencio Brillanti", no recibió ni un solo peso por su invento a pesar de que gracias a ella le salvó la vida a su entonces amigo "Roberto Robalo". La historia cuenta lo siguiente:

En una de las carreteras que cruza el desierto de Sechura, a varios cientos de kilómetros de la población más cercana del entonces país del tercer mudo conocido como Perú (lo que hoy situamos como parte de la Placa Continental-Hemisferio B-Lado Sur, Banda Territorial 2-A), quedó varado a pocos metros de la costa del mar Pacífico el automóvil de "Inocencio Brillanti", joven estudiante en el segundo año del doctorado en tecnologías medioambientales.

Era una época en la que los movimientos sociales y militares de la región hacían intransitables las antiguas carreteras, por lo que pasados los primeros días sin recibir ayuda y habiendo agotado sus provisiones, ante la imperiosa necesidad de contar con agua dulce para saciar su sed y la de sus compañeros de viaje, Inocencio tuvo la genial idea de poner en práctica sus conocimientos científicos aplicándolos a un rústico sistema para obtener agua dulce del mar. Al efecto, llenó un recipiente de metal con cuatro litros de agua del mar y lo colocó sobre un rin metálico que desprendió de una de las llantas de su coche. Sobre el recipiente abierto (lleno de agua de mar), puso una cubierta de tela de plástico, conectó partes eléctricas del catalizador y del aíre acondicionado del automóvil a la batería del auto y con estos primitivos elementos y la acción del sol, se produjo el fenómeno natural de evaporación, en virtud del cual el vapor de agua del recipiente se elevó, depositándose en el plástico por cuyas paredes verticales escurría gota a gota hacia el rin, que servía de depósito de agua dulce.

Esta arcaica técnica produjo el resultado esperado: obtuvo cerca de un litro de agua dulce, a cambio de los cuatro litros de agua salada, en un tiempo record de casi tres horas y con un costo económico mínimo, con lo cual salvó además las vidas de sus compañeros.

Sin embargo, no fue Brillanti, sino Robalo quien se llevó la fortuna por éste invento. En una jugada maestra de las todavía precarias reglas de la rama jurídica de la propiedad intelectual, aprovechándose de la falta de conocimientos en la materia por parte de Inocencio, Roberto se adueñó de los derechos de la patente y la comercializó en el mundo entero, convirtiéndolo en uno los hombres más ricos de todos los tiempos, invirtiendo su dinero en proyectos de regeneración de áreas desérticas, potabilización del agua en ciudades entonces abandonadas por la falta del líquido vital, etc.

La genialidad de Roberto Robalo le brindó a su generación la facultad de transformar tierras erosionadas por el hombre en grandísimos territorios productivos y selváticos que se habían perdidos para las generaciones anteriores, logrando hacer de la tierra nuevamente un planeta verde. Mientras que para su ex amigo "Inocencio", sólo destinó una módica cantidad de dinero a fin de que en el desierto de Sechura se pusiera una placa que dice así: "en recuerdo de Inocencio Brillanti por su contribución a la ciencia".

> *Esta historia nos ilustra, entre otras cosas, que el dinero no es para el dueño de la idea, sino para quien convierte a las ideas en negocios.*

Otras enseñanzas sobre las ideas en esta
historia:

_____

_____

_____

_____

12. LAS IDEAS EN LOS NEGOCIOS

La imaginación gobierna al mundo.
Napoleón

Ningún ejército puede detener la fuerza de una idea cuando llega a tiempo.
Víctor Hugo

Hay más dinamita en una idea que en una bomba.
John H. Vincent

La imaginación es más importante que el conocimiento.
Albert Einstein

Sucede con el pensamiento lo que con el telar: en él basta un solo impulso para conocer en juego millares de hilos.
Goethe

Una idea, para que sea sugestiva, debe llegarle al individuo con toda la fuerza de una revelación.
William James

Aquel que tiene imaginación, y carece de conocimientos, tiene alas; pero no tiene pies.
Joubert

En la vida, como en los negocios, quien tiene ideas es fuerte, quien tiene ideales es invencible.
Anónimo

La necesidad es la madre de la invención.
Proverbio latino

¡El que tiene imaginación, con qué facilidad saca de la nada un mundo!
Bécquer

Se imagina lo que se desea; se quiere lo que se imagina; y, al fin, se crea lo que se quiere.
Bernard Shaw

Todo lo que somos, es el resultado de lo que hemos pensado.
Buda

Si un hombre se imagina una cosa, otro la tornará en realidad.
Julio Verne

Un financiero no es más que un prestamista con imaginación.
A. W. Pinero

Imaginar es poner donde no hay.
Pilar Borrego

Si un hombre imagina una cosa, otro la hará realidad.
Julio Verne

CITAS DE AUTORIDADES EN LOS NEGOCIOS

Uno está rodeado simples, obvias soluciones que pueden aumentar dramáticamente tus ingresos, poder, influencia y éxito. El problema simplemente es que no las ves.
Jay Abraham

Trabajando en el contexto de marcas ultra famosas como Dior y Vuitton, los espíritus creativos siempre van a sentir que llevan las riendas. Es importante que sean libres para desarrollar ideas. Y más que alejarse del trabajo principal lo refuerzan. Yo considero a ese dinero como un capital de riesgo. No es una gran inversión.
Bernard Arnault

Muchas grandes ideas jamás se ejecutan, y muchos grandes ejecutantes no tienen ideas. Uno sin el otro no sirve para nada.
Tim Blixseth

No existe una buena idea que no pueda ser mejorada.
Michael Eisner

La fuente real de riqueza y capital en esta nueva era no son las cosas materiales... sino la mente humana, el espíritu humano, la imaginación humana, y nuestra fe en el futuro.
Steve Forbes

Investiga sobre tu idea. Ve si hay demanda. Mucha gente tiene grandes ideas, pero no saben si hay necesidad de ellas. También tienes que investigar a tu competencia.
Magic Johnson

Soy consciente de que el éxito es más que una buena idea. Es también cuestión de oportunidad.
Anita Roddick

No hay muchas ideas originales en el mundo.
Steve Wynn

Para hacer negocios, se requiere ver o imaginar donde los otros no ven ni imaginan.
Carlos Véjar

```
┌─────────────────────────────────────────┐
│                                           │
└─────────────────────────────────────────┘
```

El lector

XIII. MORAL

Moral: *Perteneciente o relativo a las acciones o caracteres de las personas, desde el punto de vista de la bondad o malicia. Ciencia que trata del bien en general, y de las acciones humanas en orden a su bondad o malicia.*

TIENDAS DE CAMPAÑA

Este relato lo cuento como recuerdo que me lo contaron. Su autor, se me explicó, fue un gran escritor de nacionalidad rusa; posiblemente fue parte de una novela o un cuento de Dostoievski; Tolstoi o Gogol. Hecha esta aclaración, paso a narrar lo siguiente:

A finales del siglo pasado, un prestigiado agente de ventas de una fábrica francesa de tiendas de campaña llegó a San Petersburgo, la capital del Imperio ruso, situada a orillas del mar Báltico, donde hizo contacto con un oficial militar a quien le ofreció venderle, a muy buen precio, cincuenta excelentes tiendas de campaña y de altísima calidad, cuya capacidad de abrigo permitiría a 750 soldados pasar el crudo invierno ruso con la debida seguridad y comodidad. "Más vale", decía entre sus múltiples argumentos de venta, "una tienda de campaña con quince soldados rusos vivos, que quince soldados rusos seguramente muertos por congelación".

El oficial ruso le expresó que lo pondría en contacto con su superior, y que, a cambio, en caso de que se decidiera comprarle tiendas de campaña, le entregara el módico cinco por ciento del importe total de la venta. Por tratarse de un gasto necesario de promoción, el agente de ventas accedió a la petición; sin embargo, a partir de este momento, tuvo que explicar y convencer a una serie de oficiales, jerárquicamente superiores, que iban dando su aprobación y solicitándole su respectiva cooperación del cinco por ciento del total de la venta que se llegase a celebrar.

Finalmente, decepcionado y molesto, el agente de ventas accedió a entrevistarse con el general en jefe de las fuerzas supremas del Ejército imperial ruso, quien le ofreció comprarle, no cincuenta simples tiendas de campaña sino cinco mil, siempre y cuando se le diera una retribución del veinticinco por ciento del total de la operación. Exasperado y enojado, el agente francés le dijo:

"Esto es increíble. Decidí entrevistarme con usted sólo para decirle que con los quince oficiales rusos, subordinados suyos, con los que me he entrevistado, tratando de vender tiendas de campaña, todos, sin excepción, me han pedido una comisión del cinco por ciento. En otras palabras, el 75 por ciento del importe total de las ventas tendría que entregárselos a ellos, por lo que, antes y más ahora, con el incremento del veinticinco por ciento que usted me pide me es matemáticamente imposible celebrar este contrato, pues sólo adquiriría el estúpido compromiso de entregarles cinco mil tiendas de campaña y repartir la totalidad del importe de la venta entre usted y sus subordinados.

Esto, además de ser absolutamente inmoral, resulta un negocio de locos..."

"¡Un momento!", le dijo el general. "En esta operación usted no realizará ningún acto estúpido, y en cambio, hará el más grande negocio de su vida". "¿Cómo voy a hacer tal negocio?", le preguntó el agente francés. "En una forma muy simple", le respondió el general, "tan sólo entrégueme un recibo oficial de la empresa que representa, por la venta de seis mil tiendas de campaña, y de inmediato le pago en rubros de oro su importe, mismo que deberá repartir de inmediato como sigue: El dinero de cinco mil tiendas entre mis subalternos y yo, en la forma convenida, y usted se queda con el resto, o sea, el valor de mil tiendas de campaña. No está por demás decirle que no sea ingenuo, ni tonto, pero se lo digo para que aprenda a hacer negocios de alto nivel. "Usted jamás nos entregará una tienda de campaña, sólo un simple recibo de venta de su empresa".

Hasta allí es lo que recuerdo que me contaron.

Ahora es necesario inventar para ustedes un buen final de dicho relato sobre negocios, en el cual sobresalen, expuestos con gran simpleza y objetividad, sus aspectos financieros y morales.

Finales alternativos de esta historia:

PRIMERO

El final de Cuento: El zar de Rusia, por conducto de su servicio secreto de inteligencia, se enteró de la negativa del agente francés de coludirse en tal mar de corrupción, y decidió premiar la moral de este íntegro vendedor, comprándole realmente cinco mil tiendas de campaña, sin comisión de ninguna especie, a fin de proporcionar abrigo a 75000 soldados de los millones que integraban su enorme ejército. (Incluir este final de tipo cuento clásico; en verdad resulta tan ingenuo como creer que Santa Claus realmente existe, o que el Príncipe Valiente, al final de sus aventuras, siempre encuentra a la doncella de sus sueños).

SEGUNDO

El Final Práctico: El agente francés se dijo: "Yo vine a hacer negocios, no a realizar obras pías", y se santiguó diciendo: "Venga a nos tu reino", y cerró el trato. Finalmente, reportó a su empresa la gran venta de cien tiendas de campaña (el doble de lo previsto), por lo que fue ampliamente felicitado, y le otorgaron el cargo de director de ventas al extranjero.

TERCERO

El Final Moral: El agente francés se negó terminantemente a ser instrumento de esa corrupta maquinación para hacer fácilmente dinero. A la semana siguiente, aparecieron en los principales diarios de San Petersburgo las siguientes dos noticias, primera: "Apareció ahogado, en el mar Báltico comerciante en telas dé nacionalidad francesa. Una congestión alcohólica de vodka fue la causa principal de su caída y muerte". Segunda: "Ayer, en solemne acto, nuestro glorioso Jefe Supremo de la Armada Imperial, firmó convenio de compra de seis mil tiendas de campaña, con distinguido agente comercial de una importante firma austriaca".

Esta historia nos ilustra, entre otras cosas, que seguir la moral propia o la moral de otros, puede

llevar a un negocio a un fin moralmente mayor
que el propio negocio: "salvar la vida".

Otras enseñanzas sobre la moral en esta
historia:

_____
_____
_____
_____

13. LA MORAL EN LOS NEGOCIOS

El mejor negocio es ser honrado.
Refrán

Sí el pillo supiera que es negocio ser honrado por pillería honrado sería.
Dicho

Lo que no quieras que otros te hagan a ti, no se lo hagas a otros.
Confucio

Buscad primero el reino de Dios y su justicia, y todo lo demás se os dará por añadidura.
Biblia-Mateo 6:3

El prometer no empobrece; el dar es lo que aniquila.
Refrán

Quien se deleita en defraudar al prójimo no se ha de lamentar si otro le engaña.
Petrarca

Aquel que dice: "lo que es mío es tuyo", es un santo; y el que asegura que lo que "es tuyo es mío", es un perverso.
Proverbio babilonio

Lo mío es mejor que lo nuestro.
Franklin

*Cada vez que lleno una vacante, consigo cien malcontentos
y un ingrato.*
Luis XIV

Por sus frutos los conoceréis.
Biblia-Mateo 7:16

Entre dos males escoge el menor.
Erasmo

El fin justifica los medios.
Maquiavelo

No es pecado vender caro, pero sí medir mal.
Proverbio escocés

*Yo me quejaba que no tenía zapatos hasta que me encontré
con alguien que no tenía pies.*
Proverbio inglés

Cuando te vi, me vites, cerraste la ventana y te metites.
Soneto triste

La gratitud es la memoria del corazón.
Proverbio francés

La zorra cambia su pellejo, pero no sus mañas.
Suetonio

*Cuando una paloma empieza a juntarse con un cuervo, las
plumas permanecen blancas, pero el corazón se torna negro.*
Proverbio alemán

Vive con un cojo y aprenderás a cojear.
Plutarco

La raíz de todos los males es el amor al dinero.
Biblia -Timoteo 6:10

Quien con los lobos anda, a aullar aprende.
Proverbio ruso

¿Qué cómo hice mi fortuna? pues del primer millón ya no me acuerdo; los demás los hice honradamente.
Anónimo

Sabemos muy bien que un intermediario es un hombre que embarca a una de las partes y saquea a la otra.
Benjamín Disraeli

Consigue dinero ante todo; la virtud vendrá después.
Horacio

Los vivos viven de los tontos y los tontos de su trabajo.
Dicho

De ser cusca y no ganar nada, más vale ser mujer honrada.
Dicho

Considero mis estudios de humanidades de mucho mayor utilidad que los puramente técnicos.
J.Paul Getty

No te apoyes en las riquezas mal adquiridas, porque de nada te servirán el día de tu muerte.
Eclesiástico V.10

Al morir no nos queda nada de lo que adquirimos, sólo lo que hemos dado.
Anónimo

El precio justo del petróleo es el que se puede obtener, más el diez por ciento.
Ali Ahmed Attiga

Quien no enseña al hijo un oficio, lo enseña a ser un ladrón.
Proverbio israelita

Nada mejor que una investigación federal para comenzar a revelar la fina telaraña de abusos tejida por las relaciones entre hombres de negocios y funcionarios gubernamentales.
Ralph Nader

Proceso formativo de algunos millonarios: primero pillos, luego empresarios, y por último filántropos.
Dicho

CITAS DE AUTORIDADES EN LOS NEGOCIOS

La publicidad trata de normas y valores, aspiraciones y prejuicios. Trata de cultura.
Anil Ambani

Una empresa es un ente vivo; tiene que mudar de piel continuamente. Los métodos tienen que cambiar. El enfoque tiene que cambiar. Los valores tienen que cambiar. La suma total de esos cambios es la transformación.
Andrew Grove

Una de las cosas que he intentado hacer de mi vida es redefinir los límites que considero son verdaderamente restrictivos. No estoy sugiriendo que todos deban tener tres

novias, o necesariamente tener novias viviendo con ellos. Me parece que hay muchas, muchas opciones sobre cómo vivir tu vida.
Hugh Hefner

Es necesario desarrollar el respeto por nuestra historia, pese a todas sus fallas, y amor por la madre patria. Necesitamos poner toda nuestra atención en los valores morales comunes y consolidar la sociedad Rusa sobre esta base. Me parece que esta es una prioridad absoluta.
Vladimir Putin

Cada tienda Wal-Mart debe reflejar los valores de sus clientes y apoyar la visión que éstos tienen de su comunidad.
Sam Walton

La publicidad es el mejor indicador de la moral comercial.
Carlos Véjar

Tabla moral de la riqueza): Pobre: Es el que más necesita. Rico: Es el que menos necesita. Millonario: Es el que tiene más de lo que necesita. Multimillonario: Es el que tiene en su poder lo que millones de pobres necesitan.
Carlos Véjar

El lector

XIV. PACIENCIA

Paciencia: *Capacidad de padecer o soportar algo sin alterarse. Facultad de saber esperar cuando algo se desea mucho. Tolerancia o consentimiento en mengua del honor.*

DORADA BUROCRACIA

Reiteradamente se menciona que con la práctica de la virtud de la paciencia puede obtenerse lo que se quiera. Se dice también que la paciencia es la madre de la ciencia; pero, ¿se aplican estas aseveraciones al veloz mundo de los negocios? Definitivamente sí. Las frutas caen solas cuando están maduras, no verdes.

Casi todos conocemos la fábula de la zorra que después de varios saltos no pudo cortar una sola uva y se retiró diciendo que no valía la pena realizar mayor esfuerzo por alcanzar unas simples uvas verdes que, tan altas y tan lejos, quedaron fuera de su alcance para siempre.

En cierta ocasión, un gran empresario vitivinícola tenía necesidad de obtener un permiso de una dependencia pública, con el cual podía consolidar un gran negocio. Para el logro de este objetivo comisionó a los abogados de su empresa esta misión, los cuales fracasaron en sus intentos.

Después encomendó la tarea a uno, y luego a otro despacho de profesionistas, quienes fracasaban en sus intentos, renunciando a tan difícil encomienda. Finalmente, sólo quedó un profesionista comprometido a obtener dicho permiso, a cambio de una altísima retribución.

Se dijo: ¿Por qué después de tantos intentos, de otros profesionistas y míos no se puede obtener este simple permiso? Se planteó entre muchas las siguientes preguntas:

- ¿Es ilegal lo que se solicita?
- ¿Está infundada mi solicitud?
- ¿Se requiere dar dádivas o pagar una cooperación?
- ¿Existe alguna consigna en contra de los intereses de mi cliente?

Todas estas interrogantes tuvieron una respuesta negativa.

Entonces, se dijo, la negativa de la autoridad para otorgar el permiso se basa en supuestos de otra naturaleza. La respuesta de que "no procede", y su fundamento "porque no procede", es típico de un acto de soberbia o de una grave actitud emocional, y decidió investigar la razón de fondo de esta negativa, entrevistando al funcionario público titular de la dependencia gubernamental facultada para otorgar el citado permiso.

La representación de la autoridad se encarnaba en un despótico, soberbio y típico sabelotodo burócrata, quien le expresó que el multicitado permiso no se otorgaba porque sus demandantes no tenían la menor idea de cómo fundar su petición. Que eran una bola de ignorantes e incapaces profesionistas dedicados a explotar a sus clientes.

Vista la anterior brutal respuesta, el profesionista le dijo a la omnipotente autoridad: "Por favor auxilie a este humilde e ignorante (aprendiz de brujo), y dígame cómo se hace el milagro de obtener la autorización pedida". Ahí está la clave, dijo el magnánimo dios de la dorada élite burocrática, debe pedir, con los mismos argumentos legales presentados, autorización, no permiso, y agregar a su solicitud el texto de esta circular administrativa de interpretación y diferenciación interna de estos conceptos, cuya fotocopia le obsequio. Así dijo el soberbio y misericordioso burócrata, y la luz se hizo: el permiso se obtuvo y con él su altísima retribución.

Gracias al arte de practicar la paciencia, resistiendo la vanidad de algunos miembros de la dorada burocracia en turno, se obtienen permisos, autorizaciones y concesiones, sin contraprestación alguna.

Se dice que cuando los dioses quieren humillar a los hombres, primero les da soberbia y luego, ciegos de vanidad, se tropiezan y solos caen. Hoy en día, el soberbio funcionario de esta anécdota ya sin su aureola pública, humildemente practica la virtud de la paciencia, tratando de obtener permisos de los que antaño difícilmente se dignaba otorgar.

> *Esta historia nos ilustra, entre otras cosas, que en los negocios el que pide debe mejor guardarse el orgullo y la prepotencia propia cuando se lidia con el orgullo y prepotencia de quien otorga.*

Otras enseñanzas sobre la paciencia en esta historia:

_____

_____

_____

_____

14. PACIENCIA EN LOS NEGOCIOS

El que puede tener paciencia puede tener lo que quiera.
Franklin

El genio es sólo una gran paciencia.
Buffon

El genio es el infinito arte de trabajar con paciencia.
Carlyle

¡Cuán pobres son los que no tienen paciencia!
Shakespeare

No te precipites, pites ni te desesperes, Pérez.
Dicho

La noche es larga, paciencia piojo.
Dicho

Roma no fue construida en un día.
Dicho

El que persevera alcanza.
Refrán

Los negocios son como la pesca. Hay que tener paciencia.
Dicho

El que no puede soportar un mal mercado, no merece uno bueno.
John Ray

No pierdas la calma: en unos cien años todo será lo mismo.
Abraham Lincoln

Todo le llega al que se mantiene ocupado mientras espera.
Thomas A. Edison

CITAS DE AUTORIDADES EN LOS NEGOCIOS

Yo pienso que en los negocios, tienes que aprender a ser paciente. Tal vez yo mismo no sea muy paciente. Y me parece que lo que mejor he aprendido es el esperar por algo y obtenerlo cuando llega el momento oportuno.
Bernard Arnault

Me gusta decirle a la gente que todos nuestros productos y negocios pasarán por tres fases. Son visión, paciencia y ejecución.
Steve Ballmer

La vida no se trata de logros, sino de aprender, crecer y desarrollar cualidades como la compasión, paciencia, perseverancia, amor, gozo y similares.
Jack Canfield

Realmente quiero que la gente sepa que he trabajado muy duro para llegar hasta donde he llegado hoy. Esto no ocurrió de la noche a la mañana. Comencé en los negocios hace más de 25 años y he encontrado la forma de construir sobre lo que he aprendido en cada negocio y oportunidad.
Magic Johnson

Nosotros perseveramos y ganamos, ustedes se precipitan y pierden.
Carlos Véjar

El lector

XV. PAGO

EL SOCIO MUDO

En la década de los años veinte, en la ciudad de Chicago, Illinois, Estados Unidos, estaba en estridente apogeo un famoso empresario dueño de un buen número de empresas dedicadas a la explotación comercial de salas cinematográficas, restaurantes, casinos, hoteles y transporte de mercancías.

En plena época de depresión económica en los Estados Unidos de Norteamérica, este legendario ciudadano, cuyo nombre omitimos por conocido y de mal recuerdo, generó muchas fuentes de empleo, riqueza, miseria y dolor.

La *vox populi* u opinión pública de ese tiempo pregonaba que este siniestro y glamoroso hombre de negocios era, en el fondo, el jefe máximo de una bien organizada banda de gansters, el cual había incrementado su riqueza violando las disposiciones de la llamada Ley Seca, al inundar de aguardiente (producido en innumerables destilerías clandestinas, o bien introducido de contrabando) a una inmensa multitud de ávidos consumidores, que preferían alimentar primero su vicio que su cuerpo.

Ninguna acción judicial prosperaba en su contra; ninguno de los delitos que se le atribuían podían demostrársele e imputársele legalmente, ya que independientemente de que sus acusadores y testigos sufrían accidentes y desapariciones, este empresario contaba con un gran cuerpo de abogados, informadores y golpeadores a su servicio.

Finalmente, fue acusado, juzgado y sentenciado a varios años de cárcel por haber cometido el grave delito de evasión fiscal: se le comprobó plenamente no haber pagado impuestos en algunos de sus negocios realmente lícitos.

El Estado moderno, como se concibe actualmente, debe su existencia fundamentalmente al pago de impuestos, derechos, aprovechamientos y contribuciones, que realizan sus ciudadanos. No pagar intencional y conscientemente la obligación fiscal (evasión de impuestos) es un delito severamente sancionado, y en algunos países casi equiparable con el delito de alta traición a la patria.

La era dorada del siglo XX en México y en otros países tercermundistas de severa influencia occidental, en que los niños bien tenían un hada madrina, los custodiaba un ángel de la guarda y los traía a este mundo en cigüeña desde París, y sus padres al pagar impuestos eran homenajeados como si hubieran dado una altruista y desinteresada limosna, terminó para siempre en los años cincuenta.

Hoy en día, el hombre de negocios, industrial, empresario o simple trabajador, tiene con carácter permanente, un socio mudo: el fisco, al cual deben tomar seriamente en cuenta en toda actividad en que obtengan beneficios económicos, pues, hay que darle su parte.

Quien conscientemente evita pagar los impuestos que legalmente le corresponde cubrir al Estado, comete un delito que habrá de pagar muy caro; ese aprovechamiento ilegítimo de recursos afecta no sólo las arcas del Estado, sino a toda la nación. Esta afirmación de ninguna manera es producto de una campaña de "terrorismo fiscal", sino un sólido principio de justicia y moral pública.

Esta historia nos enseña, entre otras cosas, que en los negocios siempre hay obligaciones de pago que tarde o temprano se cobran por la buena o por la mala.

Otras enseñanzas sobre el pago en esta historia:

_____

_____

_____

_____

15. EL PAGO EN LOS NEGOCIOS

Debo, no niego; pago, no tengo.
Refrán

El que debe, paga o ruega.
Refrán

Pagar con la misma moneda.
Refrán

Se necesita más tacto en el cuidadoso arte de los regalos, que en cualquier otra acción social.
William Bolitho

Las deudas nuevas las hago viejas y las viejas no las pago.
Dicho

A caballo regalado no se le ve diente.
Refrán

Hasta el santo desconfía cuando la limosna es grande.
Refrán

El que paga lo que debe, sana del mal que padece.
Refrán

Al buen pagador no le duelen prendas.
Refrán

Recibe buen pago el que está satisfecho.
Shakespeare

Que Dios se lo pague …
Dicho

Toda consulta causa honorarios.
Dicho

No es el patrón quien paga los sueldos —él sólo maneja el dinero— el que los paga es el producto.
Henry Ford

El dentista sabio cobra sus honorarios cuando la muela duele todavía.
Proverbio chino"

FRASES DE AUTORIDADES EN LOS NEGOCIOS

Creo absolutamente en el poder de dar el diezmo. En mi experiencia, sobre todas las bendiciones que he tenido en mi vida está el que mientras más doy, más obtengo de vuelta. Esa es la forma en la que funciona la vida, y esa es la forma en la que trabaja la energía.
Ken Blanchard

Mi padre solía decir, "puedes pasar mucho tiempo haciendo dinero. Lo difícil llega cuando tienes que deshacerte de él adecuadamente." Cómo dar algo de regreso, esa es la parte difícil de la vida.
Lee Iacocca

No voy buscando lugares en donde gastar mi dinero. Usted puede exprimir un tubo de pasta durante una semana, si tiene que hacerlo. Gasto lo necesario y me deshago de ello.
T. Boone Pickens

*El pago de las deudas es necesario para el orden social.
El no pago es igualmente necesario para el orden social.
Durante siglos la humanidad ha oscilado, serenamente
desadvertida, entre estas dos necesidades contradictorias.*
Simone Weil

Negociar sin cobrar: fracasar.
Carlos Véjar

El lector

XVI. PROBLEMAS

Problema: *Cuestión que se trata de aclarar. Proposición o dificultad de solución dudosa. Conjunto de hechos o circunstancias que dificultan la consecución de algún fin.*

Planteamiento de una situación cuya respuesta desconocida debe obtenerse a través de métodos científicos.

TORNEO DE PATOCHADAS

A Tototzin, el vendedor de patos en el mercado público de la gran Tenochtitlan, le gustaba bromear y hacer negocios, no sólo por trueque, sino también mediante el torneo de apuestas que organizaba para obtener ingresos adicionales.

Cuando no podía vender sus patos procedía a organizar el torneo de patochadas con algunos de los numerosos ingenuos e incautos peregrinos provenientes de lejanos reinos, sujetos a la advocación de Quetzalcóatl, cuyo objetivo principal, además de conocer la hermosa capital del Imperio azteca, construida sobre una inmensa laguna en el Valle de Anáhuac, era traer ofrendas y hacer sacrificios a los dioses mexicas.

Este negocio consistía en invitar a los posibles apostadores a responder a una pregunta relacionada con cuántas patas tenían los patos. El pago de la apuesta era en especie: distintos ramos de flores; mosaicos de ónix; cuentas de jade; laminillas de cristal de roca; granos de oro y plumas de ave, que eran colocados en una cesta de mimbre que se llevaba el ganador.

La información de las reglas del juego que daba a los participantes era en forma por demás objetiva: "Vean aquí frente a ustedes. En este huacal están cuatro patos. Dos son patos y dos son patas. La simple pregunta que deben resolver para ser merecedores a esta magnífica cesta de la fortuna, es: ¿Cuántas patas, tienen los patos? El jurado decidirá en forma definitiva quien de entre ustedes dio la respuesta más adecuada, y les recuerdo que todo aquel que se atreva a jugar, se conforme con el fallo o que el gran Tecaztlipoca muerda su corazón.

El jurado lo componían, escogidos al azar, tres espectadores. El negocio del vendedor de patos radicaba en no participar en el juego, sino en cobrar por organizarlo una pizca de cada apuesta.

El juego terminaba por eliminación de participantes cuyas respuestas eran calificadas por puntos del 1 al 20. Obviamente, ganaba quien diera la respuesta más adecuada al criterio unánime o mayoritario de los improvisados juzgadores.

Generalmente, en este torneo de patochadas las tradicionales respuestas de los participantes eran casi por su orden las siguientes:

El primer participante, de simple razón, decía:

—¿Qué cuantas patas tienen los patos?, pues dos.

El segundo participante, con un enfoque exclusivamente objetivo, afirmaba:

—Son dos patos, por lo tanto tienen cuatro patas.

El tercer participante, más analítico, manifestaba:

—Al referirse a patos, se habla de la especie y no de machos y hembras; por lo tanto, hay cuatro de estos animales, cada uno con dos patas, por lo que estos patos que aquí vemos tienen en total ocho patas.

El cuarto participante, con una intervención tipo humorística, aclaraba:

—Tratándose de la palabra y del concepto patos, encuentro que tienen diez patas: las ocho de las cuatro aves, más las dos patas.

El quinto participante, con un enfoque ético del asunto, aseguraba:

—Como sólo hay dos patos y dos patas. La respuesta a ¿cuántas patas tienen los patos? es muy simple: cada pato tiene una pata.

El último participante, y triunfador del torneo del día, fue un criador de patos, y su solución fue la siguiente:

—Estos patos no tienen una, sino dos patas; porque son animales polígamos, no monógamos, y podrían llegar a tener, bien atendidas, hasta cinco patas cada uno.

Esta historia nos enseña, entre otras cosas, que hay infinidad de formas resolver los problemas que presentan los negocios, pero en muchos negocios sólo una solución nos dará el éxito buscado.

Otras enseñanzas sobre los problemas en esta historia:

_____

_____

_____

_____

16. LOS PROBLEMAS EN LOS NEGOCIOS

El que se angustia antes, se angustia más de lo necesario.
Dicho

No anticipemos los problemas ni nos preocupemos por los que todavía no han sucedido.
Franklin

Cuando una puerta se cierra, cien se abren.
Refrán

No hay problemas irresolubles.
Dicho

Fórmulas sencillas para resolver problemas complejos, no las conozco.
Conde de Romanones

Cuando un problema se vuelve irresoluble deja de ser problema.
José Alcazar Arias

El problema más grande del mundo se hubiera podido solucionar cuando todavía era pequeño.
Witter Bynner

Cuando considero a veces que las grandes consecuencias provienen de cosas insignificantes, me da la sensación de pensar que no hay cosas pequeñas.
Bruce Barton

A grandes males; grandes remedios.
Refrán

Lo que podemos hacer cuando cae la lluvia, es dejarla caer.
Longfellow

Cualquier problema que se pueda resolver con dinero, no es problema, es un gasto.
Mar voy Mackay

FRASES DE AUTORIDADES EN LOS NEGOCIOS

Yo enseño algo llamado la Ley de las Probabilidades, la cual dice que entre más cosas intentes, hay más probabilidades que una de ellas funcione. Entre más libros leas, más probabilidades hay de que uno de ellos tenga la solución a una pregunta que pudiera solucionar los principales problemas de tu vida, hacerte más rico, solucionar un problema de salud, cualquiera que este sea.
Jack Canfield

Existe cierto grado de satisfacción cuando se tiene el valor de admitir nuestros propios errores. No solamente se limpia el aire de culpabilidad y autojustificación, sino que a menudo ayuda a resolver el problema creado por el error.
Dale Carnegie

Tratar con la gente es probablemente el más grande problema que enfrentes, especialmente tratándose de

negocios. Aunque, eso también es cierto si usted es un ama de casa, arquitecto o ingeniero.
Dale Carnegie

Es probable que tengamos que resolver problemas no mediante la eliminación de su causa, sinó diseñando la forma de salir adelante aun y si la causa permanece.
Edward de Bono

En ocasiones lo ocurrido es un problema sólo porque se le mira de cierta manera. Visto desde otro ángulo, el curso adecuado de la acción puede ser tan obvio que el problema ya no existe.
Edward de Bono

Diría que el mayor problema de mi vida, ha sido el dinero. Toma mucho dinero hacer estos sueños realidad.
Walt Disney

Tengo un problema con tanto dinero. No puedo reinvertirlo lo suficientemente rápido, y dado que lo reinvierto, más dinero llega. Sí los ricos se hacen más ricos.
Robert Kiyosaki

Trata de resolver los problemas de oficina tan desapasionadamente como te sea posible y te garantizo que tendrás un mejor rato de ello; entre otras razones porque cuando se introduce la emoción en una conversación, le proporcionas a tus colegas una salida muy sencilla para menospreciarte. Si eres capaz de despojarte de la emoción, sea como sea, la gente tendrá que lidiar contigo basándose únicamente de los hechos.
Suze Orman

Cuando podemos identificar un problema y enfrentar el problema con confianza y entusiasmo, la solución está en camino.
Zig Ziglar

En un negocio problemático: estudia el asunto desde todos los ángulos, y descubrirás sus errores, defectos y su solución.
Carlos Véjar

El lector

XVII. RIQUEZA

Riqueza: *Abundancia de bienes y cosas preciosas. / Abundancia de cualidades o atributos excelentes.*

TAPETE DE PLATA

La fe inquebrantable de una adolescente romana, de nombre Prisca, dio lugar en el siglo II d. C, a su martirio por haberse negado a hacer sacrificios en el templo dedicado a Apolo. Por órdenes del emperador Claudio II esta joven cristiana primero fue arrojada a los leones, quines no la lastimaron, y finalmente fue decapitada.

Casi 1500 años después, para inmortalizar la memoria de esta santa, un rico minero de la Nueva España, don José de la Borda, erigió en el pueblo de Real de Taxco, una iglesia parroquial, monumento de fervor religioso y belleza artística. El templo de Santa Prisca tiene una exquisita arquitectura del más puro estilo barroco mexicano, y fue construido con cantera rosa; cuenta con finas herrerías y sus campanas de bronce tienen una importante aleación de oro para endulzar sus sonidos. Dentro del templo existen muchos retablos acabados en oro y una serie de obras del sobresaliente pintor colonial Miguel Cabrera en torno a la historia de la Virgen María y de la propia Santa Prisca.

Cuando alguien le comentaba a don José de la Borda sobre los excesivos gastos que realizaba en obras piadosas, éste le explicaba: "El dinero que viene a mis arcones es un regalo de Dios, y ha sido trabajado por los hombres que enfermaron en las entrañas de la tierra".

Este hombre, aunque extremadamente rico, era muy modesto y sencillo, por lo que no es posible tomar en serio la anécdota que se le atribuye: a fin de que los reyes de España se dignaran venir a conocer el reino de Nueva España, les ofreció poner a sus reales pies un tapete de plata de cientos de kilómetros, desde el puerto de Veracruz a la ciudad de Taxco.

Una vez agotadas e inundadas las ricas vetas de plata de la mina de San Ignacio en Taxco, su dueño cayó en la mayor pobreza. Para ayudarlo a salir de ella, el virrey don Antonio María Bucareli le compró en 100 000 pesos de oro, una artística custodia tachonada de esmeraldas y valiosísimos diamantes, la que, según parece, se encuentra actualmente en la catedral de Toledo, España.

Poco después de haber abandonado Taxco, don José de la Borda reapareció en la ciudad de Zacatecas, en donde decidió dedicarse nuevamente a atender el negocio que mejor conocía: la minería. Así, adquirió una mina a la cual le puso el nombre de la Esperanza.

En corto plazo, sus arduos trabajos y empeños en esa mina le redituaron extraordinarias riquezas. Por el hecho de haberse vuelto nuevamente escandalosamente rico, sus conocidos lo apodaban: El Ave Fénix, y aún, algunos de ellos lo calumniaban diciendo que había vendido su alma al diablo para recuperar sus riquezas.

En el año de 1778 (a los 79 años de edad), Borda falleció en la ciudad de Cuernavaca, dejando la estratosférica cifra de 4 millones de "libras tornesas", mismas que, por disposición testamentaria, deberían de aplicarse a obras de beneficencia; pues, como sus dos hijos abrazaron la carrera religiosa, no necesitaban mayores bienes materiales.

Como muestra palpable de tan extraordinarias riquezas, quedan la artística iglesia de Santa Prisca, y la casa de Humbolt, en la ciudad de Taxco; el elegante y siempre admirado jardín de Borda, en la ciudad de Cuernavaca; así como una valiosísima custodia de oro, esmeraldas y diamantes, y la rica e imborrable fantasía indiana de unir dos mundos a través de un gigantesco tapete de plata.

Esta historia nos enseña, entre otras cosas, que la verdadera riqueza no se demuestra a través de la acumulación de dinero, sino en la generación de abundancia: obras, negocios, donaciones, trabajos, etc., manifestaciones que trascienden en el tiempo, más allá del dinero.

Otras enseñanzas sobre la riqueza en esta historia:

_____

_____

_____

_____

17. LA RIQUEZA EN LOS NEGOCIOS

La riqueza es la cosa que más honran los hombres y la fuente del más grande poder.
Euripides

La alta alcurnia y las hazañas meritorias, si no van unidas a la riqueza, son tan inútiles como las algas del mar.
Horacio

La primera riqueza es la salud.
Emerson

La riqueza es el producto de la capacidad que tiene el hombre para pensar.
Ayn Rand

Un hombre verdaderamente rico, jamás sabe cuánto dinero tiene.
Agustín Gómez Campos

Si usted puede contar su dinero, no es realmente rico. Si puede contarlo no alcanza a tener un billón.
J. Paul Getty

El hombre es el único animal que se cree rico en proporción directa del número y de la voracidad de sus parásitos.
G. Bernard Shaw

Es difícil convencer a las personas pletóricas de riquezas que hay otras llenas de necesidades.
Swift

No hay nada que desee y que no pueda adquirir; sin embargo, no me apetecen las cosas que se pueden comprar con el dinero.
Henry Ford

Merece el oro quien lo sabe ganar.
James Kelly

El hombre es rico en proporción a las cosas que puede desechar.
Henry D. Thoreau

No es rico el que más tiene, sino el que menos necesita.
Facundo Cabral

Preocúpese de la riqueza que tiene, y no de cómo se logró. ¡Lo que cuenta es el resultado!
Dicho

No fue Filipo, sino el oro de Filipo, quien tomó las ciudades de Grecia.
Plutarco

La riqueza hecha muy de prisa se desvanece, mas quien la acumula poco a poco la multiplica.
Biblia (proverbios)

El lujo arruina al rico y aumenta la miseria de los pobres.
Diderot

Veo la riqueza de ordinario en casa de los malvados y rara vez entre los hombres de bien.
Giordano Bruno

Se el dueño y no el esclavo de tus riquezas.
Publio Siró

Las riquezas, o bien sirven o mandan al que las posee.
Horacio

¿Qué es la riqueza? Nada, si no se gasta; nada si se malgasta.
Bretón de los Herreros

Si quieres ser rico, piensa en las economías tanto como en las ganancias.
Franklin

El rico que no hace circular su dinero, pierde.
Al Husain

Dime cuánto dinero tienes, y te diré cuánto vales.
Refrán

El que a los veinte no es valiente, y a los treinta no es rico, a los cuarenta, ese gallo ya agachó el pico.
Refrán

A mayor riqueza menor pobreza. A mayor pobreza, menos riqueza.
Máxima

Cuando yo tenía, me decían don Tomás, y ahora que ya no tengo, me dicen Tomás nomás.
Dicho

La pobreza del rico es la riqueza del pobre.
Dicho

Tiene más el rico cuando empobrece, que el pobre cuando enriquece.
Dicho

Los hombres más ricos del mundo han hecho riqueza en la madurez de su vida.
Dicho

¿Quieres ser rico? Pues no te afanes en aumentar tus bienes, sino es disminuir tu codicia.
Epicuro

Más vale un buen nombre que muchas riquezas.
Proverbio español

Bienes mal adquiridos, a nadie han enriquecido.
Proverbio francés

No es suficiente adquirir riqueza, es necesario saber usarla.
Dicho

Séneca escribió pensamientos sobre las virtudes de la pobreza en un escritorio de oro, decimos nosotros sus críticos, quienes escribimos pensamientos sobre las virtudes de la riqueza, en un escritorio de pobreza.
Anónimo

FRASES DE AUTORIDADES EN LOS NEGOCIOS

Entre más estudio a los ricos… en un esfuerzo por aprender como ayudar a más gente alrededor del mundo a

convertirse en uno de ellos… me sorprendo de cuanta gente no es rica.
David Bach

Es hasta que tus ideas se han transformado en suficiente dinero, y que si todo fallase, aún mantuvieras tu estilo de vida, y entendieras que sólo porque hiciste más dinero que la mayoría, no eres mejor que las personas comunes. Todos vamos a morir pobres (definición del éxito de Blixseth).
Tim Blixseth

Para mi el dinero es un medio para hacer el bien. Llegué a un punto en mi vida en la que he disfrutado de enorme éxito en los negocios que le proporcionaron a mi familia todo lo que pudieran desear. Mi esposa y yo decidimos que podríamos utilizar nuestra riqueza para hacer una diferencia. Así que creamos las fundaciones Broad para hacer cuatro cosas: mejorar la educación civica pública, apoyar la investigación científica y médica innovativa, promover la apreciación del arte en audiencias a lo largo del mundo y apoyar iniciativas cívicas en la ciudad de Los Ángeles.
Eli Broad

Para atraer dinero, debes enfocarte en la abundancia. Es imposible allegar más dinero a tu vida cuando estás dando cuenta que no tienes lo suficiente, porque eso significa que estás generando pensamientos de que no tienes suficiente.
Rhonda Byrne

Las fortunas se hacen y desaparecen en la vida de una misma generación. Hoy, una persona en general utiliza su fortuna solo por la duración de su vida. La siguiente generación tiene que crearla de nuevo.
Mikhail Khodorkovsky

Aquellos que agradecen mucho a dios son los verdaderamente afortunados. Nuestra felicidad interna depende no de lo hayamos experimentado sino de nuestro grado de gratitud hacia Dios, cualquiera que haya sido la experiencia.
Albert Schweitzer

Aunque estoy agradecido por las bendiciones de riqueza, no ha cambiado quien soy. Mis pies están todavía sobre la tierra, sólo que ahora uso mejores zapatos.
Oprah Winfrey

Es mejor ser empleado de sí mismo, que de otros, si queremos riqueza.
Carlos Véjar

El lector

XVIII. SUERTE

Suerte: *Circunstancia de ser, por mera casualidad, favorable o adverso a alguien o algo lo que ocurre o sucede. Aquello que ocurre o puede ocurrir para bien o para mal de personas o cosas. ant. En el comercio, capital, hacienda, caudal.*

EL CLAVO DE LA RIQUEZA

¡Ah Chihuahua! ¡Cuanto apache! ¡Cuánta gente sin huarache! Tierra bárbara; tierra prodigiosa, donde sólo ahí cualquiera aprende "a amar a Dios en tierra de indios". En este estado fronterizo, que es el de mayor superficie territorial de la República Mexicana (poco más grande que el territorio de Inglaterra, y casi la mitad de toda España), nació en 1866 el afortunado y desgraciado personaje de este relato: Pedro Alvarado.

Después de varias exploraciones infructuosas, y con las deudas al tope, el entonces gambusino Pedro de Alvarado, logró conseguir de la casa Stallforth lo que sería probablemente su último crédito para equipar su expedición.

La suerte quizo que sus esfuerzos de gambusino dieran en el mero centro de un enorme clavo de riquísimos metales preciosos en el fundo minero conocido como La Palmilla, en el municipio de Hidalgo del Parral,

Chihuahua, lo que le permitió en poco tiempo llegar a ser uno de los hombres más ricos del México de su tiempo.

Con su patrimonio se dedicó a realizar múltiples beneficios sociales y económicos a la gente de su región, tanto que a principios del siglo XX, propuso al presidente Porfirio Díaz que lo autorizara a pagar la deuda externa del país, con su propio capital. Intención que el General Díaz rechazó, arguyendo que la obligación de pagar la deuda externa extranjera era deber de todos los mexicanos, y no de uno solo.

Poco tiempo después, surgió la revolución y con ella vino "la bola"; "el pillaje"; "la destrucción"; "la inseguridad"; finalmente se hizo la paz y se inició la reconstrucción del país. El México de 1927 resultó totalmente diferente al México de 1910. Eran otros los hombres del poder y nuevos ricos.

Pedro Alvarado, seguramente consciente de que para abrir una mina había que invertir el capital de otra, se dedicó a invertir todo su dinero tratando de abrir nuevas minas que nunca tuvieron clavos, ni siquiera insignificantes vetas de minerales, y para su mala suerte, murió en el año de 1937 en la más extrema pobreza.

Esta historia nos enseña, entre otras cosas que la suerte en los negocios puede aparecer si se le busca, pero no es un negocio seguro el buscar la suerte.

Otras enseñanzas sobre la suerte en esta historia:

_____

_____

_____

_____

18. LA SUERTE EN LOS NEGOCIOS

Quien cree en la mala suerte, es creador de su propia desgracia.
Anónimo

Cuando la fortuna viene, tómala a mansalva y por delante; pues, por detrás es calva.
Leonardo de Vinci

La buena suerte es la estimación que tiene un perezoso acerca del éxito de un hombre trabajador.
Anónimo

La fortuna se mueve aprisa, y casi todos los hombres despacio. Por eso pocos la alcanzan.
Diego de Saavedra Fajardo

Puede que hayas tenido suerte al conseguir un buen trabajo; pero la suerte no te ayudará conservarlo.
J. O. Armour

La buena suerte existe también en los negocios; pero sólo la reparte Dios y no se la da a los pendejos.
Anónimo

Suerte te dé Dios, que el saber nada importa.
Refrán

Cuando Dios da, da a manos llenas, y hasta los costales presta.
REFRÁN

En los negocios, una libra de ánimo vale más que una tonelada de suerte.
James A. Garfield

Suerte impía y baladí, que en contra de mi estás ¿por qué me chingas a mi, estando ahí los demás?
Florencio Cabrera L.

Cada uno es artífice de su fortuna.
Quevedo

El hombre tiene en sus propias manos el molde de su fortuna.
Bacon

Una profesión con talento es mejor que una fortuna heredada.
Proverbio Galés

La fortuna es veleidosa como una mujer: siempre se va con el más fuerte.
Maquiavelo

Los hombres superficiales creen en la suerte.
Ralph Waldo Emerson

A la suerte la atrae la eficiencia.
Proverbio persa

El camino de la fortuna depende de estas tres palabras: trabajo, orden, economía.
Franklin

Hay palacios para audaces con suerte, y prisiones para audaces sin ella.
Anónimo

No te dejes pisar, aunque la fortuna te derribe.
Quintiliano

El negocio que confía en la suerte es un mal negocio.
Publio Siró

Tengo mucha fe en la suerte, y sucede que cuando más duro trabajo, más suerte tengo.
Stephen Leacock

FRASES DE AUTORIDADES EN LOS NEGOCIOS

Soy lo que soy, tú sabes, soy un tipo muy afortunado.
Michael Bloomberg

Siempre trabajé muy, muy duro, y mientras más duro trabajé, más suerte tenía.
Alan Bond

Yo era un tanto cínico de la mentalidad americana antes de que viviera aquí, pero ahora la predico. Aquí, nadie te va a criticar porque te compres un carro de $300,000, y probablemente te digan: "Bien, has de haber trabajado mucho para obtenerlo. Buena suerte para ti."
Simon Cowell

No importa cuantas veces fracases. No importa cuántas veces hayas estado a punto de lograrlo. Nadie sabrá o le importarán tus fracasos, y tampoco deberían importante a ti. Lo único que tienes que hacer es aprender de ellos y aquellos alrededor tuyo porque….Lo único que importa

en los negocios es que te salga bien una sola vez. Entonces todos te dirán lo suertudo que eres.
Mark Cuban

Es raro encontrar un socio de negocios que sea desinteresado. Si tienes suerte puede ocurrir una sola vez en la vida.
Michael Eisner

La suerte es un dividendo del sudor. Entre más sudes, mas suerte tendrás.
Ray Kroc

Me he dado cuenta que la suerte es muy predecible. Si quieres más suerte, toma más riesgos. Se más activo. Preséntate más a menudo.
Brian Tracy

Tratándose de negocios, los gitanos no se leen la buena ventura, se agarran a puñaladas.
Carlos Véjar

El Lector

XIX. VENTAS

Vender: *Traspasar a alguien por el precio convenido la propiedad de lo que uno posee. Exponer u ofrecer al público los géneros o mercancías para quien las quiera comprar.*

JAQUE MATE

Hace algunos años tuve una interesante experiencia al ver confrontarse dos mentalidades y estrategias en relación a un mismo asunto de negocios: la venta de una casa de cambio.

En mi calidad de asesor de una empresa de intermediación financiera, nos reunimos en una comida de negocios dos de sus principales socios y directivos con una funcionaría representante de una institución bancaria internacional. Casi al final de la reunión, a la hora del café y los postres, llegó por parte de la agente financiera un importante cliente y amigo de ella; y nos informaron que, esa misma noche, se trasladarían en avión a la ciudad de Mérida, enclavada en plena zona maya, para cerrar un importante negocio crediticio.

Una vez hecha la presentación, y tras una breve explicación de las funciones y actividades básicas de la empresa de intermediación financiera y su posición en el mercado nacional, el importante industrial e inversionista yucateco les preguntó a mis clientes y amigos si podrían venderle una casa de cambio de divisas.

De inmediato le respondieron que sí, que ésa era una labor propia de sus actividades: auxiliar y asesorar inversionistas en la obtención de empresas de este tipo; y que naturalmente, le cobrarían una comisión por este servicio de intermediación en la venta.

Acto seguido, le expresaron que en ese momento tenían, dada la gran demanda existente, la encomienda de varios de sus importantes clientes de comprar y de vender cuando menos tres casas de cambio, y una casa de bolsa de valores.

A una pregunta del industrial yucateco relativa a si el precio de venta del permiso de operar una casa de cambio estaría cercano a los 700,000 dólares, mis clientes le expresaron que no. Que su precio era cuando menos el triple de esa suma.

Para fundamentar dicha aseveración, le presentaron una serie de argumentos, entre otros, los siguientes:

Que ya no otorgaban autorizaciones las autoridades hacendarias para operar nuevas casas de cambio.

Que existían, dados los atractivos rendimientos de estas casas de cambio, un gran mercado de compradores interesados en adquirirlas.

c) Que en consecuencia de lo anterior, el precio de venta de los actuales permisos de operación de este tipo de empresas se había incrementado.

Después de esta serie de argumentos de venta, me percaté de que poco faltaba para que mis doctos y expertos amigos le dieran al inversionista yucateco lo que en el juego de ajedrez se conoce como "jaque-mate". Sólo faltaba que pusieran el precio justo y le vendieran el permiso de operar una casa de cambio logrando rápida y fácilmente la natural y jugosa comisión que, por este clásico tipo de intermediación financiera, legítimamente les correspondería.

A partir de ese momento, observé cómo se dio una espectacular vuelta al tablero de ajedrez de la negociación, y quienes quedaron en "jaque-mate" fueron mis amigos.

El aparente cautivo comprador levantó su brazo izquierdo, exhibiendo su llamativo Rolex de oro, y con voz segura, no exenta de socarrona ingenuidad, les dijo: "Señores, me parece muy atractiva su oferta y el próximo lunes formalizaré con ustedes, en su oficina, un mandato de venta de mí casa de cambio, por cuando menos 2'000,000 de dólares".

Estupefactos con este movimiento inesperado, mis amigos no tuvieron más remedio que aceptar el compromiso y promover la venta de esta casa de cambio entre sus "muchos" clientes interesados en comprarla.

Como entre los hombres de negocios se dan todo tipo de mentalidades y estrategias, en esa negociación aprendí que debemos estar siempre alertas cuando nos digan "te compro"; pues, en realidad nos pueden estar diciendo "te vendo".

Esta historia nos enseña, entre otras cosas que cuando se vende no se deben revelar los costos reales de aquello que se ofrece.

Otras enseñanzas sobre las ventas en esta historia:

_____

_____

_____

_____

19. LAS VENTAS EN LOS NEGOCIOS

La buena mercancía sola se vende.
Regla de oro

Compra y vende en tu casa tienda.
Proverbio libanes

Compro cuando me quieren vender. Vendo cuando me quieren comprar. Tengo un corazón muy grande.
Proverbio israelita

Nadie puede vender lo que no conoce.
Regla de oro

Sólo se vende producto o servicio que satisface una necesidad del comprador.
Regla de oro

El que no enseña no vende.
Regla de oro

El arte de vender es a menudo sinónimo del arte de exhibir.
Elmer G. Leterman

Las ventas de contado o por escrito, que las palabras y promesas se las lleva el viento.
Regla de oro

El cliente siempre tiene la razón (Aun si no compra).
Axioma

Hoy no fío. Mañana tampoco.
Axioma

Vender consiste en gran medida en tenerse a uno mismo como su primer cliente.
Anónimo

Vale más no vender que perder.
Dicho

No prometa lo que no pueda darse. Es mejor perder una venta que defraudar al comprador.
Elmer G. Leterman

No compres nunca lo que te sea inútil, bajo el pretexto de que es barato.
Jefferson

Quien compra lo que necesita, da lo que ha de necesitar.
Dicho

Uno de los incentivos de compra más comunes: el deseo de renombre.
Percy H. Whiting

Compra solamente lo que es necesario; lo que no necesitas es caro aunque sólo cueste un céntimo.
Séneca

El valor de una cosa es la cantidad de trabajo que su posesión ahorrará al poseedor.
Henry George

Cada cosa vale lo que pague el comprador.
Pubülius Syrus

El que compra necesita dos ojos; el que vende le basta uno solo.
Dicho

El comprador necesita cien ojos; el vendedor sólo uno.
Proverbio italiano

Cuando vaya a comprar use los ojos, no los oídos.
Proverbio checoslovaco

El que compra, y no el que vende, es quien fija el precio.
Thomas Hobbes

Todo el mundo vive de la venta de algo.
Robert Louis Stevenson

La tarea del vendedor no consiste en venderle al posible cliente, sino en ayudarlo a que compre.
Nestor de la Garza

El vendedor debe dar siempre al cliente potencial la oportunidad de escoger entre algo y algo, nunca entre algo y nada.
José de Lugo

El vendedor ofrece una mercancía por un precio. El comprador ofrece un precio por una mercancía." ¿Quién vende a quién?
Elmer G. Leterman

No ofrezcas perlas a los que sólo tratan de cebollas y verduras.
Proverbio israelita

*El mayor secreto del mundo para cerrar ventas, consiste en
¡contar historias!*
Frank Bettgen

*Los cuatro pasos de la entrevista de ventas son: atención,
interés, deseo y cierre.*
Frank Bettgen

No venda la fruta. Venda el sabor.
Dicho

No venda el perfume. Venda el aroma.
Dicho

No venda el champán. Venda las burbujas…
Elmer Wheelen

FRASES DE AUTORIDADES EN LOS NEGOCIOS

*Entiende que lo que necesitas es venderte a ti y a tus ideas a
fin de avanzar en tu carrera, ganar más respeto, incrementar
tu éxito, tu influencia e ingresos.*
Jay Abraham

*Algunas personas desisten después de formular una tímida
solicitud. Renuncian muy pronto. Sigue preguntando hasta
que encuentres las respuestas. En las ventas escucharas
normalmente de cuatro a cinco veces un "no" antes de que
obtengas un "sí".*
Jack Canfield

*Todo mundo dice que comprar tu primer departamento te
hace sentir como un adulto. Pero lo que nadie menciona es
que venderlo te vuelve a hacer un niño.*
Anderson Cooper

Lo interesante es que cuando diseñamos y planeamos un servidor, no lo diseñamos para Windows o Linux, lo diseñamos para ambos. No nos importa, siempre y cuando estemos vendiendo aquel que el cliente solicita.
Michael Dell

La persona que está comprando una participación de acciones está convencida que sabe algo que la persona que la está vendiendo no sabe. No hay cabida para el juego de suma cero en Wall Street.
Bernard Madoff

Cuando alguien compra una acción es porque cree que irá para arriba, y la persona que la vende piensa que irá para abajo. Alguien está equivocado.
George Ross

Consideró que las técnicas de venta son básicamente las mismas en cualquier país, excepto porque hay diferentes culturas que tienen métodos distintos de negociación. Pero los Bienes Raíces son lo mismo, ya sea que estén en Australia o si están en Nueva York.
George Ross

Las personas quedan atrapadas con maravillosos y atractivos escenarios, pero no hacen lo suficiente para cerrar el trato. No sirve de nada si no se hace la venta. Aun y cuando tu pie esté en la puerta o lleves a alguien a una sala de conferencias, no se obtiene nada a menos que logres que plasmen su firma en la línea punteada.
Donald Trump

Lo que se debe tener en mente cuando se venden cosas es que así como el crear una atmósfera y emoción sobre tus productos, tienes que saber lo que estás vendiendo.
Stuart Wilde

Las cosas creativas tienen que venderse para que sean reconocidas como tal. En realidad, Steve Jobs no fijó el diseño de mis Apple I y Apple II, pero hizo la parte más importante de convertirlos en productos que cambiarían el mundo.
Steve Wozniak

Quien no obtiene beneficios al comprar, al vender pierde.
Carlos Véjar

El negocio de todo vendedor no es otro que el cerrar ventas.
Carlos Véjar

El lector

APÉNDICE I.
BIBLIOGRAFÍA RESUMIDA
SUGERIDA

Sería extremadamente vanidoso asegurar que no hay texto más importante en materia de negocios que el que tiene en sus manos, pero vanidad aparte, es importante reconocer que hay muchas otras fuentes que pueden contener la información que a usted le hace falta.

Es por ello que en ánimo de facilitarle a usted el allegarse de la información que requiere (si la meditación sobre una sola de las frases contenidas en este libro no le basta), le comparto la siguiente lista de libros en orden alfabético, que estoy seguro encontrará fácilmente a su alcance, por tratarse de los "best sellers" en materia de negocios, en los que estoy seguro encontrará motivante fuente de inspiración y sobre todo de experiencias que le ahorrarán muchos tropiezos, sólo le recuerdo que son decenas de miles de libros los que año con año se publican en materia de negocios, por lo que no se espere a leer todo lo que quisiera para hacer negocios:

¡CÁLLESE Y VENDA! Don Sheehan. (Da a conocer una serie de técnicas de venta, basadas en el sentido común).

¡INDEPENDÍCESE! SEA SU PROPIO JEFE. Martin Lowe F. (Identifique sus propias capacidades y con ello tendrá lo necesario para generar las oportunidades que le permitan independizarse económicamente)

¡PEDIR NO BASTA! Roger Dawson. (Análisis de las distintas etapas de la negociación y los estilos de negociar).

ATRÉVASE A SER LÍDER. Warren Avis. (Descripción de la experiencia empresarial del triunfador de "Avis Rent a Car", quien comenta su aventura empresarial, la capitalización de sus fracasos y éxitos. Las pasiones, los riesgos, la audacia y los secretos de su negocio).

CÓMO CONDUCIR CUALQUIER NEGOCIO. Theodore Caplow. (Trata los principios básicos de la administración de cualquier negocio).

COMO GANAR AMIGOS E INFLUIR SOBRE LAS PERSONAS. Dale Carnagie (desarrollo de consejos prácticos sobre cómo tratar al prójimo, agradar a la gente, que los demás piensen como usted y ser líder)

CÓMO NEGOCIAR CON ÉXITO. Gavin Kennedy, John Benson y John Me Millan. (Dan a conocer sus técnicas para negociar, basadas en su propia experiencia).

CONSEJOS DE UN VIEJO COLMILLUDO. Henry C. Rogers. (Da a conocer formas de actuar y pensar para lograr el éxito a base de mejorar la imagen propia y la comunicación, mediante el análisis de historias y anécdotas).

DESARROLLE EL LÍDER QUE ESTÁ EN USTED. John C. Maxwell (desarrolla los diferentes tipos de liderazgo así como el utilizarlos para obtener resultados positivos en cualquier empresa, para pasar de un simple administrador a un líder exitoso).

EL ARTE DE LOS NEGOCIOS. Donald Trump y Tony Schawarz. (Historia de las estrategias y técnicas utilizadas por Trump en sus negocios).

EL ARTE DE PENSAR. Dr. Ernest Dimnet. (Nos adentra en el proceso de generación de los pensamientos creativos y las reglas para aprender a pensar, recurriendo a ejemplos y anécdotas acontecidas a pensadores y personalidades europeas, anteriores a los años treinta).

EL HOMBRE MÁS RICO DE BABILONIA. George S. Clason. (Relatos y consejos para alcanzar el éxito en los negocios y la libertad financiera, separando parte de lo ganado en actividades productivas que generen intereses).

EL PODER DE MANTENER ENFOCADO. Jack Canfield. (Contiene una serie de técnicas para obtener lo más en menos tiempo con vidas balanceadas: claridad, hábitos que determinan tu futuro, y un enfoque sin excepción en lo que se quiere, acompañado de historias inspiradoras).

EL PODER MÁGICO DE LA MENTE. Walter M. Germain. (Propone cómo utilizar la mente mediante el poder de la sugestión y la fe para desarrollar hábitos de conducta que llevan al éxito).

EL SECRETO DEL MILLÓN DE DÓLARES. Bernard Gittelson. (Trata de la venta de ideas y cómo llevarlas al éxito a través de proyectos específicos, basados en el entusiasmo y las relaciones humanas).

EL VENDEDOR INFALIBLE. Robert Shook. (Da a conocer las técnicas de venta puestas en práctica por cinco grandes vendedores, agrupadas por etapas: actividad previa, la presentación, el cierre y seguimiento. Presentan además un perfil del vendedor experto).

EL VENDEDOR MÁS GRANDE DEL MUNDO. Og Mandino. (Presenta una serie de diez principios morales básicos para lograr el éxito en los negocios).

EMPLÉESE A SÍMISMO. M. Waxier R. L. Wolf. (Explica cómo obtener éxito en su propio negocio, recurriendo a la planeación, motivación, evaluación, ubicación y financiamiento).

EN BUSCA DE LA EXCELENCIA. Thomas J. Poters y Robert H. Waterman Jr. (Proponen y comentan ocho reglas básicas para lograr el éxito en la administración).

ENCIENDE TU ENTUSIASMO. Juan José Lara Padilla. (Sostiene la tesis de que el motor para triunfar en la vida, es el entusiasmo).

ETIQUETA CORPORAL. Milla Alihan. (Normas y reglas para el comportamiento del hombre de éxito en una organización).

GANAR-GANAR NEGOCIANDO. Fred Edmund J. (Explica que los conflictos pueden aprovecharse y da técnicas y métodos útiles para todo negociador profesional que sepa ofrecer soluciones creativas que satisfagan los intereses de las partes en disputa).

IACOCCA, AUTOBIOGRAFÍA DE UN TRIUNFADOR. Lee Iacocca. (Historia de las experiencias, técnicas y éxitos del autor dentro de dos grandes corporaciones de la industria automovilística norteamericana).

IDEAS GENIALES ¡QUÉ HACER CON ELLAS! Eugene Raudseff. (Técnicas para llevar a la práctica o vender las ideas).

JUGADAS MAESTRAS. Paul B. Brown. (Analiza y comenta los siguientes seis casos exitosos de comercialización en los Estados Unidos: Goodfather's Pizza; Lazer Tag; Victoria's Secret; Silver Pages; Slice; y Merrill Lynch).

LA EXCELENCIA JAPONESA. Mitchell Bentch. (Se refiere a la filosofía empresarial de las corporaciones japonesas, y a la participación e integración de sus recursos humanos en el éxito colectivo de la empresa).

LA NEGOCIACIÓN EFICAZ. David o Setiz y Alfred J. Módica. (Presenta una serie de ejemplos y técnicas para lograr objetivos, a través del convencimiento).

LA UNIVERSIDAD DE LA VIDA. Donald L. Dell. (Da recomendaciones y consejos sobre negocios basados en su propia experiencia profesional como representante de deportistas).

LA VENTA EN FRÍO. Lee Boyan. (Técnicas para conservar y captar nuevos clientes).

LENGUAJE CORPORAL DEL ÉXITO. Ken Deimar. (Aplicación a las ventas de un adecuado lenguaje corporal).

LO QUE NO ENSEÑAN EN LA FACULTAD DE NEGOCIOS DE HARVARD. Mark H. Mac Corman. (Trata de cómo relacionarse con la gente, creando impresiones favorables; de las ventas; de la negociación; sus problemas, oportunidades y estrategias, y de cómo se funda y opera un negocio. Todo ello expuesto a través de ejemplos de su propia experiencia).

LO QUE SÍ ENSEÑAN EN LA ESCUELA DE NEGOCIOS DE HARVARD. Francis y Herther Kelly. (Nos explica en forma panorámica el temario del plan de estudios del primer año de la facultad, desarrollando temas tales como: política empresarial, mercadotecnia, finanzas, administración, comunicación, control, negocios, gobierno y economía internacional).

LOS CERRADORES. James W. Pickens. (Trata de las técnicas, relaciones y situaciones del vendedor y el cliente para cerrar ventas).

LOS SECRETOS DE LA MENTE MILLONARIA. T. Harv Eker (Pretende que identifiquemos patrones mentales que nos alejan del éxito financiero, programación mental para lograr el éxito, ponerse metas altas que rompan con la rigidez impresa en nuestra mente)

LOS SECRETOS DEL ÉXITO. Mark H. Mac Cormack. (Se dan consejos prácticos para triunfar en los negocios, recurriendo a conceptos, tales como: la venta, la gestión, la negociación, etcétera).

LOS SIETE HÁBITOS DE LA GENTE ÁLTAMENTE EFECTIVA. Steven R. Covey. (A través de un método que pretende allegarle de una sólida autoconfianza: 1 ser proactivo, 2 tener el fin en mente, 3 poner las cosas al principio, 4 piense ganar ganar, 5 busque primero entender y luego ser comprendido, 6 sinergia, y 7 renovación, mejora continua y balance.

McDONALD'S. John. F. Love (el autor resume la historia dela cadena restaurantera de comida rápida, la visión de los hermanos McDonald, y el estratega Ray Kroc, la decisión de hacerse franquicia y cómo superó por mucho a otras como Burger King y Kentucky Fried Chicken, a través de estrictas estrategías de negocios y estandarización de un producto)

MI FÓRMULA DE ÉXITO. J. Paul Getty. (Trata de las cualidades; los caminos; retos y medio ambiente del ejecutivo que, en los negocios, llega a las cumbres del éxito).

NADA ENTRE TIBURONES SIN QUE TE COMAN VIVO. Harvey Mackay. (Proporciona información, consejos, anécdotas y sugerencias prácticas, para tener éxito en la administración y en los negocios, a través de obtener citas y obtener de ellas lo que quiere, allegarse de información de otros, automotivarse, cuando sonreír).

NOS VEREMOS EN LA CUMBRE. Zig Ziglar. (Nos explica que el éxito es personal, y que su precio no se paga, se goza).

OBTENGA EL SÍ Roger Fisher y William Ury. (Trata del arte de negociar sin ceder, para llegar a un acuerdo. Presenta una metodología de negociación para resolver con éxito desacuerdos).

ORGANÍZATE CON EFICACIA. David Allen. (El autor pretende demostrar que hay un sistema de organización laboral que nos libera de tensiones para desinhibir nuestra creatividad. Propone una serie de consejos prácticos para hacer lo que se tiene que hacer sin generar pendientes ni ansiedades que nos inmovilizan).

PADRE RICO, PADRE POBRE. Robert T. Kiyosaki. (Historia que sugiere ser real sobre la comparación entre dos padres, el padre verdadero que con estudios de doctorado y mente cuadrada no logra hacer dinero, en tanto que el padre de un amigo que no termino sus estudios se convierte en uno de los hombres más ricos de Hawaii. Se cuestionan mitos tradicionales y conservadores para acumular bienes que generen el efectivo que pague las cuentas).

PARA VENDER HAY QUE SABER. Max Balarin. (Trata del vendedor; sus cualidades y técnicas).

PIENSE Y HÁGASE RICO. Napoleón Hill. (Comentarios y análisis de múltiples ejemplos y anécdotas de cómo alcanzaron éxito y riqueza hombres que tuvieron deseos, fe autosugestión, imaginación, liderazgo y perseverancia).

PORQUÉ ALGUNOS PENSADORES POSITIVOS OBTIENEN RESULTADOS PODEROSOS. Norman Vicent Peace. (Ejemplos que demuestran porqué los pensamientos positivos y la fe conquistan el éxito en la vida).

RENOVACIÓN HACIA LA EXCELENCIA. Robert H. Waterman Jr. (Explica cómo obtener y conservar las ventajas competitivas, mediante el cambio y la renovación).

SECRETOS DE LA MAGIA MENTAL. Vernon Horward. (Da elementos motivacionales a través de ejemplos y experiencias, para lograr el éxito, utilizando los poderes positivos de la mente).

SECRETOS DEL LIDERAZGO DE ATILA. Dr. Wess Roberts. (A través del análisis de varias hipótesis sobre las tácticas y técnicas de Atila, nos da metodologías y estrategias para alcanzar el éxito en los negocios).

SUPER VENDEDOR. Gerhard y Laura Gschwantner. (Exposición de secretos y consejos para alcanzar el éxito en los negocios de doce grandes vendedores en Estados Unidos).

TÉCNICA IACOCCA. Maynard M. Gordon. (Describe y analiza la exitosa actuación de Lee Iacocca en dos grandes corporaciones automovilísticas).

TODO ES NEGOCIABLE. Herb Cohen. (Trata de la importancia de las actividades humanas y las relaciones públicas en las negociaciones exitosas).

VENCIENDO A TRAVÉS DE LA INTIMIDACIÓN. Robert J. Ringer. (Analiza y rechaza por inútiles lo que él llama mitos y recomendaciones clásicas de escritores y hombres de negocios para alcanzar el éxito, y en cambio propone sus propias teorías, surgidas de su experiencia personal como intermediario inmobiliario).

VENDA SUS IDEAS. Eugene Raudsepp. (Presenta técnicas y estrategias para que vendiendo las ideas propias, se hagan negocios).

VÍSTASE PARA TRIUNFAR. John T. Molió. (Trata diversos temas relativos al arreglo personal del hombre de éxito).

APÉNDICE II.
BREVE BIOGRAFÍA
REFERENCIAL DE AUTORIDADES
EN LOS NEGOCIOS CITADAS EN
ESTE LIBRO

Esta breve lista biográfica tiene por objeto ilustrar que el éxito en los negocios se puede obtener en cualquier país, en cualquier negocio, y en cualquier momento. La diversidad de nombres aquí contenidos demuestran que NO hay una fórmula única para lograr el éxito, por más que se escriban libros al respecto será la fórmula personal la que determine y fije el camino para ser exitoso en los negocios.

A

Jay Abraham: (Estados Unidos) Experto en Marketing. Escritor del libro *"Getting Everything You Can Out of All You've Got"* Ha trabajado con varias de las principales marcas de Estados Unidos.

Robert G Allen: (Estados Unidos) Autor motivacional en negocios y finanzas. Co autor del libro *best seller "The One Minute Millionaire"* y *"Cracking the Millionaire Code"* junto con Mark Victor Hansen.

Príncipe Alwaleed: (Arabia Saudita, n. marzo 7 de 1955 -) Inversionista y emprendedor, uno de los hombres más ricos del mundo según la revista Forbes, miembro de la familia real de Arabia Saudita. Apodado el Warren Buffett de Arabia por su estilo de inversión.

Anil D. Ambani: (India, n. Junio 4 de 1959 -) Heredero de la compañía de su padre Dhirubhai Ambani's "Reliance Industries", la empresa privada más grande de la India con negocios en la producción de energía entre otros, parte de las 500 empresas de "Fortune".

Bernard Arnault Roubaix: (Francia, n. 5 de marzo de 1949 -) Presidente de LVMH (Moët Hennessy - Louis Vuitton S.A.) Hombre más rico de Francia y propietario de marcas de lujo como Moet Hennesy, Louis Vouitton, Christian Dior, y Grupo Arnault.

B

David Bach: (Estados Unidos) Autor de temas sobre finanzas personales, ponente y consultor. Autor del libro "*The Armchaire Millionaire*"

Stephen Paul Bayley: (Inglaterra, n. 13 de Octubre de 1951 -) Autor y crítico de diseño y cultura. Escribe para varios periódicos, editor colaborador con la revista GQ. Columnista de la revista *British Car Magazine.*

Sarah Beeny: (Inglaterra, n. 9 de Enero de 1971 -) Empresaria en Bienes Raíces y presentadora de televisión. Conductora de varios programas exitosos sobre bienes raíces en el Reino Unido tales como "*Property Ladder*", "*Streets Ahead*", "*One Year to Pay Off Your Mortgage*", y "*Britain's Best Homes*". Propietaria del sitio para citas por Internet: *www.mysinglefriend.com.*

Ken Blanchard: (Estados Unidos) Autora de Negocios, Conferencista y consultora. Co autora del popular libro "*The One Minute Manager*".

Wolf Blitzer: (Estados Unidos, n. 22 de marzo de 1948 -) Conductor de un programa en la cadena noticiosa CNN *"Late Edition with Wolf Blitzer"*.

Tim Blixseth: (Estados Unidos, n. 1950) Billonario, de los hombre más ricos de Estados Unidos antes de la crisis financiera del 2009. Fallido compositor para Hollywood, fundador del Grupo Blixseth, dueño de los clubes de golf *"Yellowstone Club resorts"*.

Edward de Bono: (Malta, n. 1933 -) Autor motivacional y médico, reconocido por alentar a las personas a utilizar más el pensamiento creativo y acuñar el término "pensamiento lateral".

Eli Broad: (Estados Unidos, n. 6 de junio de 1933 -) Líder de negocios y filántropo. Fundador y creador de dos empresas dentro del "Fortune 500". Uno de los hombres más ricos de Estados Unidos.

Monty Burns (Charles Montgomery Burns): (Estados Unidos, n. 1989) Propietario de una planta nuclear (personaje ficticio de la caricatura de dibujos animados "los Simpsons") El hombre más rico de Springfield.

Honda Byrne: (Australia, n. 1945) Creadora del popular libro, DVD y materiales audiovisuales "el Secreto", el cual se enfoca en la ley de la atracción y el pensamiento positivo.

C

Dale Carnegie (Estados Unidos, n. 1888 – 1955) Autor de autoayuda y entrenador. Famoso por haber publicado el libro "Como ganar amigos e influir sobre las personas".

Jack Canfield (Estados Unidos, n. 19 de agosto de 1944) Autor del libros de autoayuda y Coach motivacional. Autor del popular libro "caldo de pollo para el alma" y otros libros tales como "*The Success Principles*".

Andrew Carnegie (Escocia, n. 25 de noviembre de 1835 – agosto 11 de 1919) Hombre de negocios y filántropo que se hizo millonario por actividades en la industria del acero.

George Samuel Clason: (Estados Unidos, n. 7 de noviembre de 1874) Autor sobre finanzas personales y Editor de uno de los libros más famosos en materia de negocios "El hombre más rico de Babilonia".

Walter Chrysler: (Estados Unidos, n. 2 de abril de 1875 – 18 de agosto de 1940) Fundador de la empresa Chrysler y creador de una importante colección de arte.

Chin-Ning Chu: (China) Autor de negocios, conferencista internacional y consultor. Escribió los libros "*Thick Face Black Heart*" y "*The Asian Mind Game*".

Jean Cocteau: (Francia, n. 5 de julio de 1889 – 11 de octubre de 1963) Poeta, novelista, dramaturgo, pintor, diseñador, crítico y cineasta francés.

Anderson Cooper (Anderson Hays Cooper): (Estados Unidos, n. 3 de Junio de 1967 -) Presentador en la cadena noticiosa CNN "*the Anderson Cooper 360 program*", publicista y periodista.

Peter Costello (Peter Howard Costello): (Australia, n. 14 de agosto de 1957. Tesorero de Australia y Diputado líder del partido liberal de Australia.

Simon Cowell (Simon Phillip Cowell): (Inglaterra, n. 7 de octubre de 1959 -) Productor de televisión. Participó como jurado en la serie de televisión "American Idol", uno de los hombres más ricos de Inglaterra dueño de la compañía publicista Syco.

Mihaly Csikszentmihalyi: (Estados Unidos, n.1934) Profesor de psicología autor de best Sellers como "*Flow: The Psychology of Optimal Experience*" y "*Good Business: Flow, Leadership and the Making of Meaning*".

D

Michael Dell (Michael Saul Dell): (Estados Unidos, n. 23 de febrero de 1965 -) Fundador y presidente de Computadores Dell empresa que constituyó con USD $1000 y que llegó a valer USD$20 billones antes de cumplir 40 años.

Felix Dennis: (Reino Unido, n. 1947 -) publicista de revistas como *Maxim* y *The Week*.

Benjamín Disraeli: (Londres, n. 21 de diciembre de 1804 – 19 de abril de 1881) Conocido como Lord Beaconsfield fue Primer Ministro del Reino Unido y escritor. Amigo de personalidades como Napoleón III y la familia Rothschild.

Walt Disney (Walter Elias Disney): (Estados Unidos, n. 5 de diciembre de 1901 – 15 de diciembre de 1966) Fundador de la Walt Disney Company, creador de Mickey Mouse, Disneylandia, diversos dibujos animados y uno de los hombres más influyentes de los medios.

Peter Drucker (Peter Ferdinand Drucker): (Viena, Austria n. 19 de noviembre de 1909 -11 de noviembre de 2005) Estratega de negocios, autor y consultor. Sus ideas sobre administración y operatividad de grandes empresas han sido publicadas en más de treinta libros.

E

Thomas Edison (Thomas Alva Edison): (Estados Unidos, n. 11 de febrero de 1847 – 18 de octubre de 1931) Inventor estadounidense del bulbo eléctrico, dueño de más de 1,000 patentes.

Michael Eisner (Michael Dammann Eisner): (Estados Unidos, n. 7 de marzo de 1942 –) CEO de la *Walt Disney Company* la cual convirtió en un negocio áltamente redituable por más de 20 años.

F

Larry Flynt: (Estados Unidos, n. 1 de noviembre de 1942 -) Creador de la revista para caballeros Hustler.

Bertie Charles Forbes (BC Forbes): (Escocia, n. 14 de mayo de 1880 – 6 de mayo de 1954) Periodista financiero, fundador de la revista de negocios Forbes y auto de diversas publicaciones.

Steve Forbes (Malcolm Stevenson Forbes Jr): (Estados Unidos, n. 18 de julio de 1947) Presidente de la revista Forbes, candidato a las elecciones presidenciales de 1996 y 2000, apariciones frecuentes en el programa televisivo *"Forbes on Fox"*.

Henry Ford: (Estados Unidos, n. 30 de julio de 1863 – 7 de abril de 1947) Fundador de la *Ford Motor Company*, creador del modelo de auto "T".

G

David Geffen: (Estados Unidos, n. 21 de febrero de 1943 -) Músico, productor de Geffen Records, uno de los hombres más risco en la lista Forbes. Coleccionista de arte.

Sir John Paul Getty: (Reino Unido, n. 7 de septiembre de 1932 – 17 de abril de 2003) Acaudalado filántropo y coleccionista de libros. Hijo de Jean Paul Getty uno de los hombres mas ricos del mundo en su momento.

Philip Green: (Reino Unido, n. 15 de marzo de 1952 -) Millonario dueño de tiendas de menudeo, entre otras la *British Home Stores.*

Alan Greenspan: (Estados Unidos, n. 6 de marzo de 1926 -) Presidente de la junta de gobernadores del la Reserva Federal (*Federal Reserve System*) de 1987 a 2006, capaz de mover mercados, acuñó el término Exuberancia Irracional (*Irrational Exuberance*)

Andy Grove (Dr. Andrew Stephen Grove): (Hungría, n. 2 de septiembre de 1936, fundador de la Corporación Intel, y persona del año de la revisa Time en 1997.

H

Hugh Hefner abril 9, 1926 Chicago, USA (Hugh Marston Hefner): Fundador de la revista Playboy, famoso por su estilo de vida único en la Mansión Playboy junto con sus novias "conejitas".

Napoleon Hill: (Estados Unido, n. 26 de octubre de 1883 – 8 de noviembre de 1970) Autor y uno de los primeros escritores del movimiento de temas de autosuperación. Su libro "piense y hágase rico" es un libro motivacional publicado por primera vez en 1937 y sigue siendo publicado en repetidas ocasiones hasta el día de hoy.

Conrad Hilton (Conrad Nicholson Hilton): (Estados Unidos, n. 25 de diciembre de 1887 – 3 de enero de 1979) Fundador de la cadena hotelera Hoteles Hilton, acaudalado hombre de negocios y filántropo.

Gary **Hirshberg** (Estados Unidos 1954 -) Presidente y CEO de *Stonyfield Farm*, productor de yogurt orgánico ubicado en Londonderry, New Hampshire.

I

Lee Iacocca (Lido Anthony Iacocca): (Estados Unidos, n. 15 de octubre de 1924 -) Presidente de la corporación Chrysler, a la cual convirtió en una exitosa compañía, y por lo cual le fue reconocida su capacidad como hombre de negocios.

Carl Icahn (Carl Celian Icahn): Investor and Entrepreneur Buying and selling large stakes in major companies, hostile takeovers, and for being a billionaire according to Forbes magazine. 1936 USA / Lives - United States of America

Kathy Ireland (Katherine Marie Ireland): Model and Entrepreneur being a swimsuit model featured on the cover of magazines like Sports Illustrated and for being a successful entrepreneur and CEO of "Kathy Ireland Worldwide". March 20, 1963 California, USA / Lives - United States of America

Jeff Immelt (Jeffrey Robert Immelt) : Chairman and CEO of General Electric Being an American businessman and Chief Executive Officer (CEO) of General Electric (GE), replacing the former GE CEO Jack Welch. 19th of February, 1956 Cincinnati, Ohio, USA / Lives United States of America

J

Magic Johnson (Earvin Johnson Jr.) : Basketball Player. Being a professional basketball player for the Los Angeles Lakers NBA team. Magic retired for the first time in 1991 after contracting the HIV virus, but came out of retirement twoce before finally retiring from basketball in 1996. Johnson is a successful businessman and founder of Magic Johnson Enterprises. - 14th of August, 1959 Lansing, Michigan, USA / Lives United States of America

K

Mary Kay Ash (Mary Kathlyn Wagner): Business woman and founder of Mary Kay Cosmetics Creating a cosmetics empire and empowering other women to succeed May 12, 1915 Texas, USA *Died* - 2001

Henry Kravis (Henry R. Kravis): Kohlberg Kravis Roberts & Co. (KKR) being the cofounder of the American private equity firm Kohlberg Kravis Roberts, known as KKR, and for buying high profile companies in many industries. January 6, 1944 Oklahoma, USA / Lives - United States of America

Ray Kroc (Ray Arthur Kroc) : McDonald Fast Food Restaurant Entrepreneur making the fast food franchise McDonalds one of the largest and most popular chain of fast food restaurants in the United States and around the world, nicknamed the Hamburger King. Kroc also owned the Major Legue baseball team the San Diego Padres. October 5, 1902 Chicago, Illinois, USA / Died - United States of America

Robert Kiyosaki (Robert Toru Kiyosaki) : Author, Public Speaker and Investor The Rich Dad, Poor Dad series of books and resources. - Hawaii April 8, 1947 Lives – USA

Henry Kravis (Henry R. Kravis): Kohlberg Kravis Roberts & Co. (KKR) being the cofounder of the American private equity firm Kohlberg Kravis Roberts, known as KKR, and for buying high profile companies in many industries. January 6, 1944 Oklahoma, USA / Lives - United States of America

L

George Lucas (George Walton Lucas, Jr.) : Film Director Director of classic movies like the Star Wars and Indiana Jones movies. May 14, 1944 California, United States / Lives USA

M

John Madden (John Earl Madden): NFL Coach, Entrepreneur & Sports Commentator. being a member of the Pro Football Hall of Fame, being a Super Bowl winning NFL Coach, and for lending his name to numerous products that include the popular video game "Madden NFL" April 10, 1936 Minnesota, USA / Lives - United States of America

Og Mandino (Augustine Mandino) : American Salesman Being a best selling author of motivational sales books like "The Greatest Salesman in the World" and for his skills as a sales person. - 12th of December, 1923 Italy / Died 3rd of September, 1996 United States of America

John McCain (John Sidney McCain III): United States Senator of the Republican Party being a prisoner of war during the Vietnam war when he was a Captain in the US Navy and for being a presidential candidate in 2000 for the Republican Party during the presidential election (lost to George W. Bush). John McCain is the Republican nominee for President of the United States in 2008. - August 29, 1936 Coco Solo, USA / Lives - United States of America

Angela Merkel (Angela Dorothea Merkel): Chancellor of Germany being the first German Chancellor, the chairman of the Christian Democratic Union, and for being the most powerful woman in the world in 2006 (according to Forbes business magazine). July 17, 1954 Hamburg, Germany / Lives – Germany

Dan Millman: Self Help Author and Philosopher Being a former world trampoline champion and author of the inspirational Way of the Peaceful Warrior book. February 22, 1946 USA / Lives - United States of America

Michel de Montaigne o más simplemente **Michel de Montaigne** (nacido en Burdeos el 28 de febrero de 1533 en el château de Montaigne en Saint-Michel-de-Montaigne, Dordogne, muerto el 13 de septiembre de 1592) fue un filósofo, escritor, humanista, moralista y político francés del Renacimiento, autor de los *Ensayos*, y creador del género literario conocido en la época moderna como ensay

Akira Mori (Japón) Presidente y Director Ejecutivo del fideicomiso Mori. Uno de los hombres más ricos en el mundo. El fideicomiso Mori tiene hoteles y bienes raíces en Tokio y Japón.

O

Suze Orman (Susan Lynn Orman) (Estados Unidos 5 junio de 1951) Autor de finanzas personales y personalidad de medios. Famosa por escribir varios libros populares sobre finanzas (The Road to Wealth / El camino a la riqueza), escribir para varias revistas populares y por conducir el Show de Suze Orman.

P

Kerry Packer (Kerry Francis Bullmore Packer) : Chairman of Publishing and Broadcasting Limited PBL : Australia's richest man and Media Magnate (Channel 9, many popular magazines

& newspapers, Casinos, & Internet interests) December 17, 1937 Australia / Died - December 26, 2005

Ross Perot (Henry Ross Perot): Businessman and candidate for American president in 1992/1996. Founded Electronic Data Systems and Perot Systems. He was also a candidate to be President. - June 27, Texas 1930 United States *Lives* - USA

T. Boone Pickens (Thomas Boone Pickens): 22nd of May, 1928 Holdenville, Oklahoma, USA / Lives Texas, United States of America

BP Capital Management Chairman and CEO Being an American investor, hedge fund manager, and oil billionaire. In 2008 the Texan billionaire developed what he calls "The Pickens Plan" which puts forwards a plan to move the United States from oil dependence to using alternative sources of energy like natural gas, wind, and solar power.

Vladimir Putin (Vladimir Vladimirovich Putin): Russian Politician. Being a Russian politician with time spent as a Russian prime minister and the President of Russia. Putin was named person of the year in 2007 by the Time magazine. 7th October 1952 Leningrad, Russia / Lives - Russia (Russian Federation)

R

Sir Walter Raleigh, Lord Lieutenant of Cornwall[1] (c. 1552 – 29 October 1618), was a famed English aristocrat, writer, poet, soldier, courtier, and explorer. In 1594 Raleigh heard of a "City of Gold" in South America and sailed to find it, publishing an exaggerated account of his experiences in a book that contributed to the legend of El Dorado.

Sumner Redstone (Sumner Murray Rothstein): CBS & Viacom Chairman being one of the richest men in America, his career in the media and entertainment industry, and for firing Tom Cruise when he was Paramount's biggest box office star. - May 27, 1923 Massachusetts, USA / Lives - United States of America

Jef I Richards A member of the Advertising Department at The University of Texas since 1988, Dr. Richards holds the following degrees: Ph.D. (1988), University of Wisconsin (Mass Communication); J.D. (1981), Indiana University; B.S. (1977), Rochester Institute of Technology (Photography); A.A.S. (1975), Rochester Institute of Technology (Photography). His research interests primarily focus on advertising law and regulation, combining both legal research and experimentation. His publications include a book about deceptive advertising and articles that have appeared in numerous law journals, as well as the "Journal of Public Policy & Marketing,"; "Journal of Consumer Affairs, "; "Journal of Current Issues and Research in Advertising, "; "Journal of Advertising Education," and "Advertising Law Anthology." He serves on the editorial boards of the Journal of Public Policy and Marketing and the Journal of Interactive Advertising, and is licensed to practice law in Colorado and Indiana

John D. **Rockefeller**: (Estados Unidos, Julio 8, 1839 Nueva York - Mayo 23 de 1937) Capitalista y filántropo. Amasó enormes fortunas, mayormente por el petróleo.

Anita Roddick (Dame Anita Perella Roddick): Entrepreneur and Activist Founding The Body Shop chain of stores, being an environmentalist and a human rights campaigner. - October 23, 1942 Littlehampton, UK / Died September 10, 2007

S

Charles Saatchi: (Irak, Junio 9 de 1887 -) Coleccionista de arte, fundador de la agencia de publicidad Saatchi & Saatchi, mecenas de artistas como Damien Hirst y Tracey Emin.

Howard Safir (Estados Unidos, 1941) Comisionado de bomberos de la ciudad de Nueva York de 1994 a 1996 y de Policía de 1996 a 2000. En el 2007 se conviritó en el CE de Bode Technology y de SafirRosetti una empresa de seguridad e investigación.

Howard Schultz: (Estados Unidos, 19 de julio de 1953 -) Presidente de Starbucks Coffee, a la que convirtió en una de las cafeterías más reconocidas en el mundo.

Charles R. Schwab (Charles Robert Schwab): (Estados Unidos, Julio 29 de 1937 -) Millonario fundador de un despacho de corredores de bolsa "Charles Schwab Brokerage"

Arnold Schwarzenegger: (Austria, Julio 30 de 1947 -) Actor, político y Gobernador republicano del Estado de California en Estados Unidos. Famoso fisicoculturista que ganó el Mr. Olympia en varias ocasiones. Héroe de acción en películas de gran éxito como Terminator.

George Bernard Shaw: (Irlanda 26 de julio de 1856- 2 de noviembre e 1950) Escritor famoso ganador del premio Nobel de literatura y de un premio de la Academia por la película "Pygmalion".

José Silva: (Estados Unidos, agosto 11 de 1914 – 1999) Escritor y parapsicólogo, autor de la obra "el método Silva de control mental".

Carlos Slim Helú: (México, enero 28 de 1940) Ingeniero de profesión, hombre de negocios y filántropo. Ha basado su fortuna principalmente en la industria de las telecomunicaciones, ha sido considerado como el hombre más rico del mundo.

T

Brian Tracy: (Canadá) Coach motivacional y autor. Ha escrito más de 40 títulos *best sellers* de autoayuda, *coaching* y programas de entrenamiento.

Donald Trump: (Estados Unidos, n. 14 de junio de 1946 -) Billionario, amazó su fortuna en bienes raíces y desarrollos inmobiliarios. Conductor de televisión "The Aprentice".

Ivana Trump (Ivana Marie Zelnickova): (República Checa, n. 20 de febrero de 1949 -) ex - esposa de Donald Trump, madre de sus tres hijos (Ivanka, Eric, and Donald Jr).

John Tyler, Jr.: (Estados Unidos, n. 29 de marzo de 1790 – 18 de enero de 1862) Décimo presidente de los Estados Unidos (1841–1845).

Mr T (Laurence Tureaud): (Estados Unidos, n. 21 de mayo de 1952 -) Actor de películas como Rocky y de series de televisión como "the A Team".

W

Sam Walton (Samuel Moore Walton): (Estados Unidos, n. 29 de marzo de 1918 – 5 de abril de 1992) Fundaror de la cadena de autoservicio Wal-Mart y Sam's Club. Su familia es considerada una de las mas ricas de Estados Unidos. The Walton family remains one of the wealthiest families in the world.

Mark Robert Warner: (Estados Unidos, n. 15 de diciembre de 1954) Político Estadounidense y hombre de negocios, Senador Demócrata por el Estado de Virginia, Gobernador de <u>Virginia</u> del 2002 al 2006.

Simone Weil: (Francia, n. 3 de febrero de 1909 – 24 de agosto de 1943) Escritora, filósofo, y activista en la resistencia francesa durante la Segunda Guerra Mundial.

Meg Whitman (Margaret Cushing Whitman): (Estados Unidos, n. 4 de agosto de 1956 -) CEO de eBay de 1998 a 2007, dedicada a la política.

Stuart Wilde: (Inglaterra, n. 1946 -) Escritor de autoayuda y conferencista, entre sus obras se encuentra "The Trick to Money is having some"

Oprah Winfrey: (Estados Unidos, n. 29 de enero de 1954 -) Conductora de un show de entrevistas (The Oprah Winfrey Show), actriz. Una de las mujeres con mayor fortuna y éxito de los Estados Unidos.

Steve Wynn (Stephen Alan Wynn): (Estados Unidos, n. 27 de enero de 1942 -) Dueño de casinos y desarrollos turísticos, particularmente en Las Vegas, incluyendo el multimillonario proyecto de Casino "Wynn Las Vegas".

Z

Zig Ziglar (Estados Unidos n. 6 de noviembre de 1926 -) Escritor de libros de autoayuda y orador religioso a través de un estilo que mezcla la religión con la autoayuda para crear libros clásicos motivacionales como *"See you at the top"*